AF349301

RICARDO DÍEZ SANCHÍS

IPPON CANALLA

UNA FORMA REVOLUCIONARIA DE VER LAS ARTES MARCIALES

Título: IPPON CANALLA. UNA FORMA REVOLUCIONARIA DE VER LAS ARTES MARCIALES
Autores: RICARDO DÍEZ SANCHÍS

Editorial: WANCEULEN EDITORIAL
Sello Editorial: WANCEULEN EDITORIAL DEPORTIVA

ISBN (Papel): 978-84-18262-63-0
ISBN (Ebook): 978-84-18262-64-7

DEPÓSITO LEGAL: SE 1195-2020

Impreso en España. 2020

WANCEULEN S.L.
C/ Cristo del Desamparo y Abandono, 56 - 41006 Sevilla
Dirección web: www.wanceuleneditorial.com y www.wanceulen.com
Email: info@wanceuleneditorial.com

A mi mujer Esther,
Siempre adelante, juntos y sonriendo.

A Orco,
Un perro que ha marcado mi vida, que me la cambio, que la
enriqueció, cuando lo adoptamos no sabía qué hacer con él,
ahora no sabría que hacer sin él.

Índice

A José Díaz, un excelente amigo y Maestro de Eskrima filipina, hace años que nos conocemos y sé que cuento con su total apoyo y en este "incomodo" libro, además con su prólogo.

A una de las personas que más me ayudo y motivo para que yo luchara por mis sueños, él me dio una base sólida de Boxeo y Kickboxing, el Maestro, José Luis Pepiol del gimnasio Shaolin de Xirivella (Valencia)

No quiero olvidarme del Maestro Ángel Romero, seleccionador español de Karate Kyokushinkai, siempre me ha brindado su ayuda y la de su organización.

Maestro y amigo, no quiero olvidarme del Maestro de Brazilian Jiu Jitsu, Tito Beltrán. También quiero acordarme del Maestro de Gracie Jiu Jitsu, Franco Vacirca, desde que le conozco me ha ofrecido su total y sincero apoyo.

Su opinión siempre cuenta para mí, exseleccionador nacional de Boxeo, Manel Berdonce, tremendo Maestro en el Noble Arte.

A Joaquín Marcelo, un referente mundial en el arte del mítico Bruce Lee, el Jeet Kune Do, cada vez que hablo con él término recordando que si buscar la eficacia acabas haciéndolo en el mismo idioma, aunque hagas diferentes disciplinas.

Siempre fuente de inspiración y ejemplos a seguir, Bruce Lee y Emelianenko Fedor.

Por supuesto no quiero olvidarme de hombres y nombres emblemáticos en los deportes de combate de nuestro país, Jesús Eguia (Presidente de la Federación Española de Kickboxing y Muay Thai), Francisco Javier Iglesias (Presidente de la Federación Española de Lucha) y Daniel Lorente (Presidente IKO España).

Y quiero tener un recuerdo especial para dos personas que me influenciaron en mi infancia, mi profesora de EGB, Reyes, que en un momento dado y sin darse cuente me motivo para que me dedicara a escribir y me enseño que a veces, solo a veces encuentras buenos profesores y a Don José, el médico de mi pueblo, que además de velar por mi salud, fue para mí como una especia de abuelo, siempre tuvo buenos consejos, ya no está pero me sigo acordando de él.

Escribir un prólogo para un libro de Ricardo representa un gran reto ya que es una de esas empresas que se afrontan con mucha responsabilidad buscando quedar a la altura de las circunstancias.

Si tuviese que nombrar a personas que han influido en mi vida, sin lugar, a dudas él estaría muy arriba en una lista que considero peculiar. Son muchos los gratos recuerdos de largas conversaciones en su casa, sentados en su oficina, rodeados de libros, revistas, un ordenador con las teclas gastadas por el uso, y mucha ilusión concentrada. Charlas que empezaron sin saber cuándo exactamente (a pesar de los comienzos "difíciles" de nuestra amistad) y que se prolongaron hasta aún hoy día y espero que para siempre.

En su momento fue él quien me empujó (casi literalmente) detrás de un teclado para que volcara mis inquietudes con respecto a las artes marciales y la filosofía. Él confió en mí, sigue inspirándome incondicionalmente y en cierto modo gracias a él fui capaz de crear el movimiento de la Fightlosofia. Aunque él no lo sepa, se lo digo desde aquí, mis escritos tienen más de él de lo que él mismo cree.

Conozco a muy poca gente tan comprometida, que haya escrito tanto y sepa tanto sobre lucha, artes marciales, autodefensa o como queráis llamarlo.

Respetuoso e incansable buscador, Ricardo es el tipo de persona del que uno siempre puede aprender porque constantemente está mejorando y desarrollando nuevas ideas. Resultado de ello, sin ir más lejos, es el libro (junto al resto de su trabajo) que hoy tienes entre tus manos. Una propuesta sincera y honrada de lo que viene a ser realmente el mundo de la "farándula marcial".

No tengo ningún tipo de duda, cuando hablamos de artes marciales y objetivos reales, ser políticamente correctos es la actitud más incorrecta posible.

Este libro viene precisamente a romper con esos paradigmas enquistados en el inconsciente de la mayoría de los que dicen dedicarse a este malversado y prostituido mundo de la lucha.

Ricardo con este texto busca que te cuestiones tu camino, tus objetivos, la dirección de tu entreno y si de verdad eres una "máquina de matar" o un "ente disperso" con licencia para "ser sometido" lo más pronto posible.

Debes tener muy claro que una cosa es lo que crees hacer y otra muy diferente lo que realmente estás haciendo. La diferencia entre estos dos extremos, viene marcado por "la inteligencia que seas capaz de desarrollar".

Hoy día vivimos en un mundo en el que "vender humo" se premia por la desidia del que no se cuestiona absolutamente nada y se deja manipular a golpe de talonario. Lo virtual sobre lo real, lo rumiado y sintetizado sobre el descubrimiento y el asombro.

Un Maestro de artes marciales, en su aceptación más tradicional, debe dar más ejemplo y menos consejo. En esta delgada y quebradiza línea se mueve el autor de este "incómodo libro" que, estoy seguro, te va a remover de la silla más de una vez.

Si echas un vistazo al índice del libro, así de buenas a primeras, podrás entrever que no es un libro al uso de artes marciales, lleno de fotos, posturas imposibles y mentiras dantescas.

Hay una frase que un día me dijo uno de mis mentores en este interminable camino de las artes marciales, y que es aplicable totalmente a la calidad de lo escrito aquí por Ricardo:

"la idea del progreso en las artes marciales es ser capaz de hacer tradición, rompiendo tradición".

Poco más que añadir, no demoro más el comienzo de vuestra lectura. Gracias y enhorabuena, si estáis leyendo este libro es que sois buscadores inquietos de vuestra propia verdad.

José Díaz Jiménez

Eskrimista, Fightlosopher y padre enamorado incondicionalmente
de su hijo Leonardo.
www.orihinaleskrima.com

EL CULPABLE

Ricardo nace en Canals, el día 12 de enero de 1971.

En el año 1998 decide empezar a escribir sobre todo lo que había aprendido en los tatamis, manda artículos a todas las revistas especializadas pero ninguno de sus textos es publicado, hasta que en noviembre de ese mismo año la revista "Inter Gym´s" publica por primera vez uno de sus artículos.

Poco a poco se va convirtiendo en un habitual de esta publicación, eso hace que el resto de publicaciones españolas piensen en él para que colabore en sus revistas y así Ricardo se incorpora al equipo de la revista "DOJO", también ahí se hace con unas páginas fijas cada mes, pero Ricardo sigue trabajando y también los lectores de Artes Marciales empiezan a encontrar sus trabajos en revistas como "El Budoka" o "Golden Dragón".

En el año 2001, la revista "Inter Gym´s" le concede el Premio Nacional al Mérito Deportivo "Inter Gym´s de Oro" por su labor de difundir y promocionar las Artes Marciales.

Pero probablemente sea el año 2003, el momento donde se consolida la trayectoria de Ricardo como escritor de Artes Marciales, en septiembre de ese año la Editorial Alas de Barcelona decide publicar su primer libro: "Bruce Lee, siempre" y con esta misma editorial coordina el especial de la revista "El Budoka" sobre Bruce Lee: "El Jeet Kune Do de Bruce Lee, treinta años después"

Incansable en sus objetivos, en la mente de Ricardo empieza a fraguarse una idea utópica, imposible, dirigir su propia publicación, durante meses se reúne con Alejandro Iglesias y el staff de S.H.O.O.T., y de esas conversaciones nace el plan de empresa de una revista dedicada exclusivamente a las MMA y deportes de contacto.

El proyecto es presentado a la Editorial Alas y en octubre de 2003 aparecía en los kioscos la revista "CROSSCOMBAT".

Durante el año 2005 Ricardo compagina su trabajo como director de CROSSCOMBAT con su incorporación al equipo de S.H.O.O.T. dentro del departamento de prensa.

Tras cinco años y veinticinco números en los kioscos de España, en noviembre de 2007 la revista "CROSSCOMBAT" desaparece, sin duda, ese fracaso queda grabado en la memoria de Ricardo, que no tiene más remedio que rehacerse y trabajar en nuevos proyectos.

En enero del 2008 se incorpora a la Federación Española de Lucha como responsable del departamento de prensa y en noviembre de ese mismo año, pone en marcha, la publicación oficial de esta federación, la revista "Al tapiz".

A finales de agosto de 2009 publica con la Editorial Wanceulen de Sevilla, su segundo libro: "Pelea" y a finales de ese mismo año, publica su tercer libro: "Cuando el Arte se convierte en Ciencia".

En el año 2010 vuelve a incorporarse a la empresa S.H.O.O.T., en esta ocasión, como Director de Expansión de esta franquicia y crea la revista "SHOOTERS", durante dos años trabaja en esta empresa abriendo un total de 28 academias.

En el 2012 empieza a entrenar a su esposa, la luchadora profesional de MMA, Esther Cárdenas, un referente de las MMA femeninas en nuestro país, ese mismo año en marzo de 2012 es nombrado Vicepresidente de la Asociación Española de Pankration Athlima Helénico y es presentado para ocupar un cargo en la Confederación Iberoamericana de Pankration Athlima Helénico.

En 2015 junto a Esther crea el equipo X-treme Fighters, con sedes en Gandía y Sueca (Valencia).

En 2019 publica su cuarto libro: "Biomecánica en los Deportes de Contacto", libro avalado por la Federación Española de Kickboxing y Muay Thai (FEKM), la Federación Española de Luchas

Olímpicas (FELODA) y la International Karate Organization Kyokushinkaikan (IKO Spain)

Y en enero de 2020 publica su quinto libro: "Compré un saco, ¿Y ahora qué hago?"

En la actualidad además de impartir clases de MMA y boxeo, como escritor trabaja con la Editorial Wanceulen de Sevilla y las revistas de Artes Marciales: "Cinturón Negro" y "DragónZ".

En el ámbito de la gestión deportiva trabaja con la Gracie Jiu Jitsu Network Europe (GJJNE), además de colaborar de manera puntual con la Federación Española de Kickboxing y Muay Thai.

Más de doscientos artículos publicados y cinco libros a sus espaldas, le dan la suficiente experiencia acumulada, eso le ha dado un sello personal a sus textos, una distintivo inequívoco de que su mano es la responsable del contenido, quizás este libro sea la obra que mejor desnude al autor como persona: comprometido con su camino, siempre cuestionándose, preguntándose para seguir aprendiendo, sincero y con un sentido del humor suficiente como para reírse de sí mismo.

Después de repasar brevemente la biografía de Ricardo vais a permitirme que os dé un consejo: Leed cada capitulo y luego reflexionad sobre él, el aprendizaje está asegurado y lo más curioso de este libro y lo que lo convierte en único es que la lección te la vas a dar tu.

Es uno de esos libros interactivos donde el final cambia según quién lo lee.

HA SIDO SIN QUERER

"Ippon Canalla" es el nombre que he elegido para titular este nuevo libro, le di muchas vueltas hasta decidirme por lo que quería ofrecer a los lectores, quería que el lector después de leer cada una de estas páginas se cuestionase su posición actual en el mundo del Budo, en el ámbito político-marcial, en el ámbito técnico e incluso, ¿por qué no? A escala emocional.

Antes de que sigan leyendo quiero aclarar que este libro no pretende ser una crítica, es más, yo mismo formo parte de lo que ahora me cuestiono. En las diferentes páginas estarán reflejadas todas mis dudas. Mis opiniones, que, por supuesto, no tiene porque ser compartidas; y si me apuran, en estas líneas puede estar encerrada mi verdad, que puede no ser la suya. En mí libro "Ippon Canalla" o punto canalla como prefieran podrán encontrar muchas preguntas, pero jamás una respuesta, al fin y al cabo, cada uno de nosotros tenemos nuestras propias respuestas.

Mis planteamientos, mis preguntas, dudas, temores, aparecerán página tras página, puntual a mi cita. En todos los apartados encontráis uno de mis pensamientos, mis textos van dirigidos a unos alumnos invisibles que terminan convirtiéndose en lectores.

Este libro es el fruto de un camino recorrido, de un proceso de aprendizaje, de reflexiones, de descartes, es un pensar en voz alta que me obligó a coger el lápiz y el papel para tomar nota y no olvidarme de todo aquello que durante años me ha ido martilleando la cabeza, este libro era un libro para mí, algo así como el diario de un artista marcial insatisfecho, pero al tener la oportunidad de publicarlo ha dejado de ser un diario intimo para mi y se ha convertido en un libro para todos aquellos insatisfechos inteligentes y buscadores de su propio camino.

Muchas veces utilizo un tono irónico, mordaz, pero no por ello el libro pierde ni un ápice de seriedad, en otras ocasiones leeréis un texto solemne, serio, todo dependerá de mi estado de ánimo

Este libro deseo que se transforme en una invitación a pensar, a sentir, a recapacitar, a opinar, me gustaría que se convirtiera en una señal de stop que te obligará a hacer un alto en el camino que te ayudará a replantearte tu rumbo.

Cuando termines de leerlo lo menos importante serán mis opiniones, porque tu ya tendrás las tuyas, en algunas coincidiremos en otras estaremos muy lejos pero tampoco eso será importante porque de ese cuestionarte mis planteamientos tu ya habrás crecido, al fin y al cabo las Artes Marciales no son conocimiento sino autoconocimiento. Además, a pesar de que tu punto de vista y el mío no coincidan en nada, siempre tendremos algo en común… los dos elegimos el mismo camino.

Dar una opinión en público y que además se quede por escrito entraña muchos riesgos, hay que ser muy cauto, ya saben, "por la boca muere el pez". Lo que hoy parece una verdad absoluta mañana el tiempo puede encargarse de modificarlo y tu texto seguirá estando ahí para que la gente pueda utilizarlo en tu contra.

Pero uno tiene que ser honrado consigo mismo y con el camino que ha elegido y asumir las consecuencias.

Todo lo que vais a leer a continuación se ha escrito utilizando el sentido común me hubiera gustado hacerlo usando el sentido extraordinario, pero ya veis mi sentido es común, normal, pero eso si, os prometo que me he esforzado.

Veréis que el libro es de fácil lectura porque sus capítulos son cortos y en ocasiones ni siquiera están relacionados entre ellos, voy a pediros que lo leáis despacito, sin prisas, mascando todo lo que os cuento, he incluso no sería mala idea leer un capítulo al día y anotar tus propias conclusiones sobre el tema en cuestión.

Espero que nadie vea este libro como un ataque hacia su colectivo. Los parecidos son puras coincidencias, de todas formas pido disculpas de antemano, ya saben ha sido sin querer y cuando leas algo que no te guste, pero que no te guste nada de nada, por favor, piensa que las Artes Marciales también son mi vida.

Sinceramente no creo que nadie se sienta ofendido, es un libro al cual hay que acercarse con sentido del humor, eso es todo, riámonos de nosotros mismos y sigamos adelante, de verdad que espero que lo disfruten. Quizás algunos lo consideren un libro trasgresor, molesto, pero la verdad es que está escrito desde el más absoluto respeto por las Artes Marciales y sus practicantes.

Por cierto, no perdáis vuestro tiempo criticándome ni aplaudiéndome, mejor invertirlo en algo más provechoso. Mucha suerte en vuestras vidas.

BRUCE LEE, PETER PAN Y YO MISMAMENTE

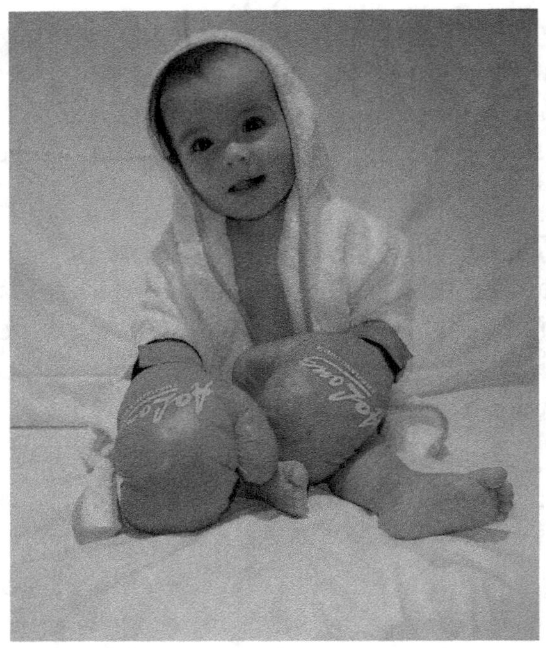

Desde mi niñez hasta hoy en día, estas tres etapas son las que me han convertido en la persona que soy, es difícil juzgarse uno mismo, por lo que me resulta imposible saber si la formación fue buena o mala, pero es lo que soy.

Me inicié en las Artes Marciales tras ver una película de Bruce Lee en el cine, fui con mi padre, ni os imagináis las veces que se arrepintió de haberme llevado a ver aquella película, salí del cine imitando los gestos y los gritos del "Pequeño Dragón" eso fue un domingo por la tarde, el lunes ya había hecho que mi padre me inscribiese en un gimnasio, la verdad es que no protestó mucho, pensó que me cansaría pronto, ni os imagináis las veces que se arrepintió de haberme llevado a apuntarme. Las exigencias y la dureza del entrenamiento unido a mis pocas cualidades me hicieron descubrir que Bruce Lee me quedaba demasiado lejos, esas circunstancias no me desalentaron al contrario actuaron en mí como una especie de turbo emocional así que tras la frustrante **"etapa de Bruce Lee"** inicie la **"etapa Peter Pan"** una etapa marcada por la obsesión casi enfermiza de querer dedicarme profesionalmente a las Artes Marciales.

Todo se reduce a una cuestión de fe, si uno cree en sí mismo e intenta luchar por sus ilusiones, ambiciones o esperanzas probablemente tu propia gente, y por supuesto el resto de la sociedad, te juzguen como inmaduro, ahora bien, si ejerces de ser vivo establecido, es decir, si te conviertes en un insignificante engranaje de una larga "cadena de producción" que esclaviza a la mayoría de los individuos a través de un trabajo mecánico, ganando una miseria y con un contrato de risa, encima tienes que dar gracias, ¿gracias, por qué? Por nada.

Lo más gracioso es que los mismos que te tachan de irresponsable por perseguir tus sueños, luego pretenden hacerse ricos poniéndole una ramita de perejil y una moneda de cinco duros (ahora cada día más difícil de encontrar por culpa de los euros) a San Pancracio, al final en lugar de una imagen religiosa parece que está grabando el anuncio de los donuts, digo yo que confiar en un santo tiene que ser más sensato que trabajar por tus propios proyectos, además, ¿por qué a nadie se le ha ocurrido pensar que quizás con la demanda que tiene sólo trabaja con dólares?.

Este texto sin duda es una declaración de principios, es un grito de ánimo para todos aquellos que están a punto de sucumbir ante el peso de la sociedad.

Tenemos que ser capaces de desprendernos de nuestros miedos, ¿tan importante es lo que piensen los demás? Hidalgo, soñador, Don Quijote, que más da, seré de todo menos como los demás.

Todos llevamos dentro un travieso Peter Pan, sólo el rodillo de la vida lo puede matar. La mayoría terminan renunciando a sus sueños, hipotecan sus vidas por la seguridad de un empleo estable, un empleo donde te pagarán lo mismo que en todos los trabajos:

menos de lo que vales y suficiente para que puedas seguir arrastrándote.

Letras del coche, la hipoteca del piso, agua, luz, teléfono son obstáculos que no te dejan pensar, sólo hay tiempo para trabajar y cubrir todos los gastos.

Si no se piensa no se actúa, si no se actúa uno se estanca.

Estas líneas no pretenden ser una invitación a no trabajar, sé perfectamente que trabajar es imprescindible, pero hay que hacerlo sin olvidar ni renunciar nunca a nuestras ambiciones, si lo haces tu vida estará siempre condicionada, disfrutarás de una libertad condicional, lo único que lograrás será ser felizmente infeliz, por favor, no os limitéis a confiar solamente en el azar.

Si sigues mis consejos no te puedo asegurar que alcances el éxito, lo que sí te puedo garantizar es que estarás haciendo todo lo posible por lograrlo.

Tras sumar estas dos etapas llegue a la que me encuentro ahora mismo **"etapa yo mismamente"**, algunos caen de forma irrevocable en la cruel monotonía de un trabajo que no han elegido, de un trabajo que no les gusta.

Cada día se levantan con la amargura de vivir una vida que no quieren, de forma mecánica ven pasar los días por delante de sus ojos, días grises y tristes, días que no volverán y que no han podido disfrutar, son concientes de eso, pero lo único que hacen es lamentarse de la situación que les toca vivir, sufrir.

Son gente resignada que buscan encontrar su sitio, siempre lo más alto posible, en la escala social, eso es lo más importante... aparentar.

Otros en cambio disfrutamos cada semana de siete días festivos porque hemos logrado edificar nuestro futuro sobre los pilares que elegimos, luchamos sin tregua por perseguir lo que otros simplemente llamaban quimera, dejamos que la ilusión prevaleciera sobre la razón y los que antes reían ahora lloran.

Cada día como si fuera el último, disfrutando de cada momento siempre fugaz e irrepetible, ¿alguien conoce una filosofía mejor?

Aplicar está idea es más sencillo de lo que nos quieren hacer creer, simplemente hay que darle más valor a nuestras propias ideas en vez de sucumbir ante las ideas impuestas por una sociedad empeñada en convertir a los hombres en marionetas.

Cuando giro la vista hacia atrás y pienso donde empecé y donde estoy soy consciente de que todavía me quedan muchas cosas por hacer pero también me doy cuenta de que ya hay muchas cosas hechas, mi falta de actitudes marciales descubiertas en mi **"etapa Bruce Lee"** unidas al aprendizaje de que nunca debes de ir por el camino trazado por otros porque conduce donde estos ya han ido de mi **"etapa Peter Pan"** me enseñaron que me encanta salirme del camino así que decidí crear una nueva categoría para mí dentro del mundo del Budo, soy un intelectual de las Artes Marciales.

Una de las leyes del marketing dice: "Si usted no puede ser el mejor en una categoría cree una nueva en la que pueda ser el mejor", en mi actual etapa **"etapa yo mismamente"** he podido ir descubriendo que mis actitudes como intelectual de las Artes Marciales son tan nulas que como artista marcial pero tras muchas noches sin dormir y muchos días de cabreo por mi incompetencia decidí seguir este camino ¿por qué? Aunque la falta de condiciones es la misma sin duda el riesgo de que me rompan la cara es menor, a no ser que alguno decida hacerlo después de leer este libro.

Ahora que trabajo y hobby es lo mismo la "gente bien" tiene muchísimos problemas para ponerme una etiqueta, no tengo horarios fijos, ni jefes, no saben si trabajo o me divierto y sabéis que pienso respecto a eso: "Que me encanta ser un sin grado en la jerarquía de la "gente bien"

Han pasado más de treinta años desde el día que pisé por primera vez un tatami, desde que estrene aquel kimono, capaz de convertir a un niño en saco de patatas, aquella inocencia no se pierde pero con el paso del tiempo se transforma en desconfianza, cuando vas descubriendo a grandes maestros que no lo son tanto o cuando te das cuenta que te costo sacarte más el cinturón amarillo que el negro, pero a pesar de todo eso las Artes Marciales siempre estarán vinculadas a mí vida porque cada vez que vuelvo a pisar un tatami me acuerdo del sueño de un niño debilucho que decidió retar al mundo.

EL TAO DEL BICHO RARO

Llevó mucho tiempo en las Artes Marciales, creo que he pasado por todas las etapas y en cada una de ellas he tenido tropiezos, sin duda, la mejor forma de aprender.

He sido alumno (lo sigo siendo), instructor, competidor, propietario de gimnasio y propietario de una tienda de material de Artes Marciales, con veinticinco años ya no tenía nada de eso, me quede con los recuerdos y una magnífica hipoteca que pagaba religiosamente cada mes.

Tras tanto éxito empresarial mi padre acuño un nuevo concepto contable para definir mi prometedora carrera como empresario, en lugar de: debe, haber y saldo, en mi libro contable se podía leer: debe, haber y no hay.

Tras cada fracaso en lugar de buscar excusas o justificaciones lo que hacia era pasar página he intentarlo de nuevo, con más fuerza, con mayor entusiasmo, con el único objetivo de poder vivir exclusivamente de lo que me gustaba, de las Artes Marciales, sin tener plan B.

Los conocimientos de Artes Marciales no eran suficientes para tener éxito, había que unir a esas enseñanzas conceptos de empresa.

Pero, ¿Cómo hacerlo cuando tus conocimientos en ese campo son cero? Había un concepto que tenía muy claro: "El aprender si ocupa lugar". Lobsang Rampa defendía firmemente esa posición. Hay que saber elegir muy bien que aprender, de esa elección dependerá en gran medida nuestro futuro, mientras intentaba encontrar mí Tao recordé unas palabras de una antigua profesora de EGB (la señorita Reyes) que creyó adivinar en mi cierto talento para escribir.

Así que empecé a escribir artículos para revistas de Artes Marciales, no recuerdo exactamente cuantos textos envíe antes de que alguien decidiese publicar por primera vez uno de mis trabajos, eso ocurría en el año 1998, ni os imagináis como saboree aquel primer "miniéxito" y ahora releyéndolo con el alejamiento que solo el pasado puede dar he de reconocer que ese era un mal artículo, un texto que yo ahora después de haber sido responsable de la revista "CROSSCOMBAT" nunca publicaría.

Con todas esas experiencias logré tener una visión sobre el mundo del Budo bastante global.

De ese amasijo de experiencias saque una conclusión que cambiaría para siempre mi forma de ver y entender las Artes Marciales como camino empresarial, todos los artistas marciales cometíamos una y otra vez el mismo error, conocíamos nuestro estilo pero desconocíamos completamente como hacerlo comercial, cuando utilizó la palabra comercial me refiero a ganar un salario sin prostituir el arte, sin tener que bajar las exigencias con el alumno.

Imaginaros la gestión diaria de un gimnasio de Artes Marciales o imaginaros a vosotros mismos como empresa, vamos a llamar a vuestra empresa "Instructor Sociedad Limitada", en esta empresa ficticia tendremos dos tipos de trabajos, el que desarrollamos en el tatami que es el que más nos gusta, el que más dominamos, pero hay una parte que debemos hacer en el "despacho", poner al día nuestras redes sociales,   diseñar la publicidad de nuestras clases, ver si nuestros alumnos están al corriente de pago, etc.

Esa faceta es en la que menos tiempo invertimos para hacerla y para formarnos. Pero para rentabilizar nuestros conocimientos necesitamos las dos partes.

Imaginaros un empresario de éxito. Amancio Ortega, por ejemplo.

Tiene idea de montar un gimnasio e incluir Artes Marciales, hasta ahí nada raro, pero si os digo que ha decidido ser él quien imparte las clases de Artes Marciales, eso ya nos parecerá más descabellado.

La faceta de empresario estaréis de acuerdo conmigo que lo tiene más que controlada, pero está claro también que no tiene conocimientos de lucha, si esto lo tenemos tan claro, que nos parece hasta ridículo, porque al hacerlo al revés, no detectamos esa carencia de la misma manera.

¿Si Amancio Ortega no puede dar clases de lucha porque no sabe lucha, porque pensamos que nosotros podemos ganarnos la vida sin saber nada de empresa?

Si quieres ganarte la vida con tus conocimientos de lucha empieza a estudiar empresa.

EL ARTE DE CAMINAR CON TUS PROPIOS PIES

Un arte que en la teoría parece sencillo he incluso obvio, todos caminamos con nuestros propios pies, pero en la practica parece casi imposible encontrar a alguien capaz de aplicar con todas las consecuencias este arte día a día.

Como anécdota os puedo contar que yo solo conozco a una persona así, no voy a dar su nombre pero está frase la utiliza mucho: "Una cabeza para elegir un solo camino y dos piernas y dos cojones para recorrerlo", antes de conocerlo pregunte por él a diferentes personas vinculadas al mundo del Budo y todos me aconsejaron que me alejara de él, lo calificaban como maleducado, chulo, mala persona, etc., aún así creí que era necesario conocerlo porque estaba escribiendo un artículo en aquel momento en el cual él era una autoridad. Las primeras reuniones no fueron fáciles, es una persona que exige muchísimo a los que trabajan con él, eso sí, exige tanto como da, siempre dice lo que piensa y eso molesta casi siempre, su código de honor es un cóctel de lo aprendido en el mundo del Budo y de lo asimilado de sus años como legionario. Realmente este hombre es un maestro en el difícil arte de caminar con sus propios pies y yo estoy orgulloso de haber recibido sus magistrales lecciones.

En medio de tanta confusión y separatismo en las Artes Marciales, es esencial que lleguemos a entendernos a nosotros mismos de un modo creador.

Tenemos que tener muy claro que únicamente nuestro propio esfuerzo en una sola dirección nos va a llevar hacia el éxito en cualquier faceta de la vida, debemos alejarnos del fácil "arte de la imitación" y esforzarnos en dominar el "arte de caminar con nuestros propios pies".

Si queremos que las Artes Marciales sigan creciendo, cada uno de sus practicantes tiene que verse como un creador capaz de aportar cosas positivas y no continuar encerrados en un círculo de ideas fijas o prejuicios, la raíz de todo entendimiento está en entenderse uno mismo.

El pasado de las Artes Marciales está presente pero no es el presente, espero que nadie se sienta incomodado por está afirmación, al fin y al cabo ¿qué soy yo? Yo soy un resultado, soy la consecuencia del pasado, de innumerables cosas pasadas, ¿Cómo puedo estar en oposición con el pasado, si yo como artista marcial soy el resultado de todo eso?

Mis conocimientos son el fruto de las conclusiones e investigaciones de diferentes Maestros que fueron capaces de codificar diferentes artes de su pasado más inmediato para adaptarlas a las personas de su generación, esos Maestros ya conocían el arduo arte de caminar con sus propios pies, sin embargo sus alumnos se acomodaron en esas enseñanzas y se negaron a crecer, pero además criticaban y cuestionaban a aquellos que intentaban aportar nuevas ideas y conceptos, no existe oposición entre respeto y originalidad, la dualidad entre viejo y nuevo está siempre permanente en todas las circunstancias de la vida, todos somos relevistas y relevados. Nuestro esfuerzo se gasta en llegar a ser algo y en dejar de serlo, vivimos en estado de dualidad.

Aquellos Maestros seguramente estarían disgustados de ver como se ha gestionado su herencia, ellos nos dejaron solo una forma de proceder, en cambio con el paso de los años sus discípulos hicieron de sus lecciones un sistema fijo y rígido, con una enseñanza despótica, un método único que poco a poco se convirtió en una rutina y fastidiosa obligación, convertimos a estos hombres en una especie de dioses, levantamos altares en su honor, colgamos sus fotos en el Dojo y les rendimos pleitesía al entrar y salir del tatami, creamos organizaciones y grupos en torno a ellos ¿eso es todo el respeto que se merecen?

¿El idolatrar de está forma a aquellos fundadores no será una aptitud cobarde y temerosa? Lógicamente resulta más fácil adorar a alguien en un altar al borde del camino, resguardarse en él, en lugar de avanzar en el largo trayecto de la búsqueda y la investigación, hay que luchar, buscar y descubrir solo así mostraremos respeto por los auténticos maestros, seguramente ellos estarían satisfechos de vernos andar con nuestros propios pies.

VERDADES COMO PUÑOS

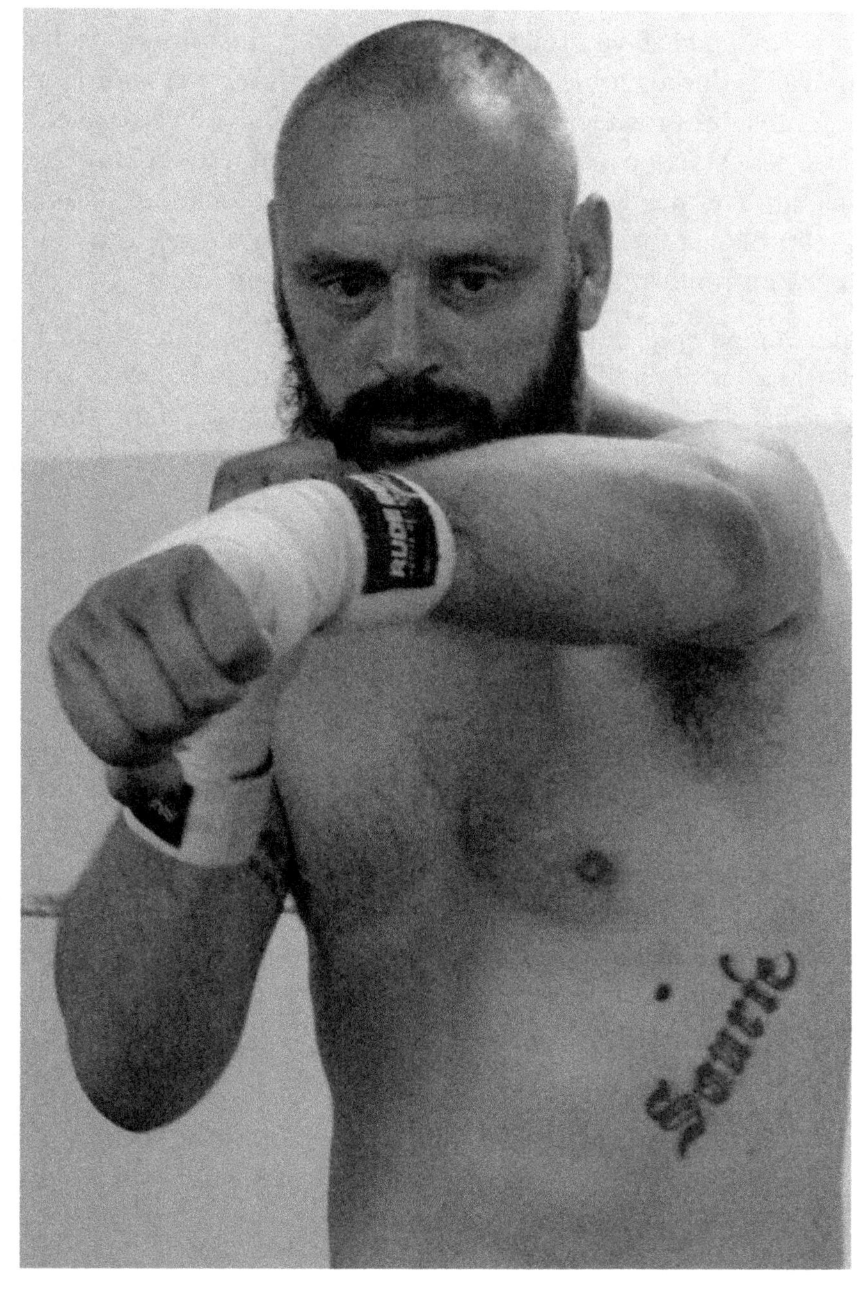

En ocasiones tengo la desagradable sensación de que las Artes Marciales han dejado de evolucionar, que se han detenido, que simplemente repetimos como monos amaestrados, en definitiva, que siempre es más de lo mismo.

En el ámbito técnico el Maestro Bruce Lee zanjó el tema de una manera sencilla, clara y concisa: "mientras los hombres tengan dos brazos y dos piernas ya está todo inventado", categórico, no hay lugar para las dudas, si buscamos eficacia, sencillez y economía de movimientos nuestras técnicas no pueden dibujar trayectorias fantasiosas o espectaculares eso sería ridículo, tienen que ser simples y directas, no hay más, y si no hay más, ¿como evolucionar? No podemos cambiar la forma de ejecutar las técnicas, pero si la mentalidad para enfrentarnos al aprendizaje de dichas técnicas.

La enfermedad que deja a las Artes Marciales anquilosadas, no tiene su raíz en la técnica, no, no es tan sencillo, la ley de la vida dicta que las cosas viejas mueren por dejar paso a las cosas nuevas, ¿son las Artes Marciales nuevas? No, sus practicantes son nuevos, pero haciendo cosas muy viejas.

En la actualidad nuestras estructuras políticas (federaciones y asociaciones), económicas (cursos, licencias, exámenes, etc.) y deportivas, con sus gigantescas proporciones tienden a producir un fuerte e impersonal carácter opresivo que convierte al individuo en un insignificante engranaje de una larga "cadena de producción" que esclaviza a la mayoría de los practicantes a través de un trabajo mecánico, impidiéndoles realizar su arte desde una creatividad y una iniciativa que confiera un claro sentido a la forma de sentir su arte, parece que en vez de querer formar buenos artistas marciales estén empeñados en crear robots marciales, hay que plantearse romper viejos moldes y esquemas, hay que dirigir al estudiante hacia un aprendizaje más reflexivo, a que aprenda a cuestionarse unas formas y diseños cuya única justificación era: "es la tradición" o el "siempre lo hemos hecho así".

El entrenamiento empírico -procedimiento fundado en la mera practica o rutina- tiene que ser reemplazado por el análisis y el estudio científico, sinceramente pienso que esa tendencia se acentuará en el futuro, al alumno actual debemos explicarle él por qué y él para qué de cada técnica.

El instructor cada vez que se enfrenta a una clase tiene que hacer un ejercicio de imaginación para que la misma no se convierta en rutinaria y monótona, tiene que ser capaz de incorporar nuevos elementos y conjugar de manera eficaz los objetivos planteados con la diversión.

El mejor antídoto y el remedio más eficaz contra la tiranía del clasicismo: el amor apasionado por el progreso.

Hay grandes maestros que ocupan y desempeñan cargos importantes dentro del mundo del Budo, su prestigio y su posición se la han ganado a pulso, año tras año, luchando en innumerables frentes y batallas, ese fue su mérito, pero no se puede vivir mirando atrás, el futuro de las Artes Marciales exige un cambio radical, un cambio que los maestros consagrados no pueden ofrecer, tantos años al pie del cañón agotan a cualquiera, la tendencia de las Artes Marciales es a la baja, este paciente necesita con urgencia una ráfaga de viento fresco, el secreto de la supervivencia siempre a estado en saber adaptarse.

Los maestros con renombre ya no luchan en esta guerra, su guerra ya terminó y además la ganaron, ellos ya no defienden al colectivo de artistas marciales, defienden la posición de privilegio que en estos momentos ocupan y yo les respeto y aplaudo por ello, pero la vida es un taller que siempre tiene recambios, probablemente las Artes Marciales piden un cambio generacional a gritos, reclaman nuevas fronteras, nuevos límites, nuevas tendencias.

Hay profundas desavenencias, diferencias y diversidades entre las diferentes asociaciones y federaciones, interminables acusaciones que se dedican unos a otros, mientras esto ocurre las Artes Marciales siguen su marcha fúnebre, creo que es el momento ideal para que la gente joven con ideas renovadas salga de sus trincheras y empuñe sus armas (ilusiones, ambiciones, esperanzas, etc.) para luchar en el frente, estar en la primera línea del campo de batalla, acarrea más peligros, pero también recompensas y honores son mayores.

La gente joven no va a provocar una guerra donde haya ganadores y perdedores, no es esa la idea, vamos a provocar una revolución de la cual si salimos vencedores todo el mundo ganará, pues los grandes maestros lo seguirán siendo y además verán incrementado su número de alumnos.

Las grandes obras nacieron del estímulo valiente y repetido de personajes que en vez de perder el tiempo haciendo ruido se dedicaron a desarrollar el germen de su ilusión.

Tenemos que ser capaces de ganarle el pulso al presente, está claro que las Artes Marciales no desaparecerán nunca, pensar de esa forma sería exagerado, pero no deja de ser cierto que al bajar el número de alumnos, automáticamente baja la calidad de las clases, ¿por qué?, muy sencillo, en la mayoría de las ocasiones el instructor tiene que compaginar de la mejor manera posible su hobby (impartir clases) con su trabajo, después de una larga jornada laboral la clase no se aborda de la misma forma, además el instructor se queda así sin tiempo material para poder seguir entrenando.

La elección es bien sencilla, podemos quedarnos de brazos cruzados mientras vemos como poco a poco somos menos los que practicamos Artes Marciales o podemos ir exponiendo ideas hasta encontrar alguna que pueda cambiar el rumbo de un barco que se va a pique, no debemos olvidar que la única idea estúpida es aquella que no se dice, aunque desgraciadamente las ideas de algunos están tan limitadas como su capacidad.

El camino está trazado, la meta es clara, el desafío casi insultante: intentar incrementar el número de practicantes, unidad y compromiso entre las distintas asociaciones y federaciones, buscar grandes inversores y patrocinadores. **Recordad que el progreso es la realización de las utopías.**

LA EVOLUCIÓN DE LA TRADICIÓN

Una tradición mal entendida y un progreso en una dirección equivocada convierten a la mayoría de instructores en amateurs en lugar de profesionales, el problema se lleva arrastrando desde hace años y lo malo es que con el tiempo se va acentuando, salvo contadas excepciones los profesores de artes marciales no pueden vivir únicamente impartiendo sus clases, viéndose, de este modo, obligados a complementar de la mejor manera posible la docencia con algún trabajo mejor remunerado.

Ante tan negativa situación algunos intentan tomar medidas para contrarrestar esta tendencia, ¿solución? Crear nuevos estilos y asociaciones para avalar estos sistemas, ¿resultados? La única aportación conseguida... más confusión.

Si me preguntaran: - ¿Ricardo, las artes marciales van bien?- Mí respuesta sería un -SI- contundente, pero ahí empieza la contradicción, no hay instructores de artes marciales, sino de estilos (Karate, Kung Fu, Kick Boxing, etc.) ahí empiezan los problemas: **La riqueza cultural, el gran patrimonio marcial se convierte en pobreza laboral y bancarrota empresarial**, ¿más claro? Las artes marciales son una gran tarta pero repartida en tantos trozos que no hay quién coma.

Pequeños matices técnicos y peor aún, políticos, son motivos más que suficientes para tomar la decisión de fundar una nueva escuela, una vez está el nuevo estilo estructurado el siguiente paso más lógico sería ponerse a trabajar en el tatami y en los despachos para demostrar la validez de las ideas, pero no, desgraciadamente esto no ocurre así y la estrategia más empleada son las descalificaciones, siempre hay excepciones, por supuesto.

Podremos cambiar los nombres, el color del uniforme de entrenamiento, pero una patada frontal siempre será una patada frontal, en España, Estados Unidos o Japón se elevará la rodilla y se extenderá la pierna, esa es su trayectoria, no hay más.

Si la evolución en el aspecto puramente técnico se descarta por nuestra propia limitación articular se preguntarán hacia donde deben ir dirigidos nuestros esfuerzos, la respuesta para esta pregunta tampoco es nueva, de echo, es tan antigua como algunos estilos.

Voy a dar un paseo por la historia de las artes marciales, ¿me acompañáis? Vamos a hablar de dos maestros muy queridos y respetados por la comunidad marcial cuyas aportaciones han sido la creación de dos de las mayores escuelas de artes marciales: el Judo y el Karate.

El Maestro Jigoro Kano analizó y estudió las técnicas del jiu- jitsu de su época y reestructuro un método donde prescindió de las técnicas más peligrosas para poder introducirlo más fácilmente en los programas de enseñanza escolares y universitarios, judo (el arte de la flexibilidad).

El Maestro Gichin Funakoshi por otra parte entrenó en la isla de Okinawa estilos como el **Naha-Te**, **Shuri-Te** y **Tomari-Te**, la recopilación de las técnicas de estos estilos, originan, el karate (manos vacías).

¿Qué tienen en común ambos maestros? Que **NO** inventan o crean nuevas técnicas, sino que adaptan las enseñanzas a las demandas de las sociedades de sus épocas.

Con el paso del tiempo ambos métodos de enseñanza fueron convertidos por las siguientes generaciones en verdades incuestionables pretendiendo de esa forma educar a los alumnos de la misma forma que se hacia en el pasado. El resultado ha sido un descenso preocupante en el número de practicantes que no quieren una disciplina tan férrea sino una forma mucho más lúdica de aprender y mantener la forma física.

"Mal se paga al Maestro si se permanece siempre discípulo".

El propio Maestro Funakoshi en su libro autobiográfico: "Karate Do, mi camino" en la página 51 dice: *"Los tiempos cambian, el mundo cambia y obviamente las artes marciales deben también evolucionar"*

Para aquellos instructores que al leer esto se hayan echado las manos a la cabeza, entendiendo que he sido irrespetuoso con la tradición, aclararles que adopto la posición de "zeiza" para rendir pleitesía a los grandes maestros que mostraron sus dotes de investigación y originalidad creando métodos de enseñanza que supieron cubrir las necesidades de sus épocas, pero ¿qué respeto tengo que mostrar por sus seguidores? Se han limitado a copiar y repetir, no han sabido ir más allá, ¿maestros?, ¿De qué?, ¿Del estancamiento?

LA RIQUEZA QUE NOS EMPOBRECE

Quiero empezar esta capitulo recalcando un dato muy significativo que para algunos puede pasar totalmente inadvertido.

Las Artes Marciales (sin excluir ningún estilo) son el segundo deporte tras el fútbol con más licencias federativas en España y probablemente seamos los primeros si tenemos en cuenta que a este dato habría que añadirle las licencias de las distintas asociaciones y federaciones que no dependen del Consejo Superior de Deportes sino del Ministerio del Interior.

Y además a esos datos abría que sumarles alrededor de un 70% de practicantes que entrenar con asiduidad una disciplina marcial pero que carecen de cualquier licencia.

Si lo leemos sin profundizar mucho más parece una gran noticia, sin embargo, la realidad refleja que las Artes Marciales no están pasando un gran momento, ¿a qué se debe esa dualidad? A la riqueza que nos empobrece, el mayor patrimonio de las Artes Disciplinarias es su tremenda diversidad, probablemente no haya ninguna otra actividad física que ofrezca tantas posibilidades a sus practicantes.

La gente puede acercarse al mundo del Budo por infinidad de motivos o razones y las Artes Marciales son capaces de adaptarse a las demandas de todo el mundo.

Hay algunos que van buscando un método para fortalecer la salud, ponerse en forma, un buen sistema de defensa personal, un deporte e incluso por motivos psicológicos (vencer la timidez, ganar confianza, etc.) todos encuentran respuestas en el camino del Budo.

Se pueden encontrar con estilos que ponen mayor énfasis en el trabajo de puños, otros en cambio prefieren utilizar las piernas, hay sistemas de lucha que se basan en los agarres y la lucha en el suelo e incluso hay estilos que incluyen el manejo de armas.

Frente a este abanico de posibilidades es difícil creer que exista gente que no se adapte a ninguno de los caminos que ofrecen las Artes Marciales, no importa la morfología del individuo, ni su carácter, ni la edad, ni el sexo, seguro que hay un método de entrenamiento capaz de adaptarse a sus necesidades.

Esa es la riqueza de las Artes Marciales, se acomodan a cualquier requisito que se les exija.

Dependiendo del lugar de nacimiento del sistema de lucha que escojamos este tendrá unas características y particularidades diferentes al resto. Las Artes Marciales nacen como medio de defensa, en una época donde guerras y conquistas eran habituales.

Como luchar forma parte de la naturaleza del hombre es muy difícil señalar con exactitud cuál fue el primer sistema de lucha y de donde surgió, fueron muchos los pueblos que en distintos lugares del mundo y probablemente al mismo tiempo, tuvieron que desarrollar técnicas para poder sobrevivir, de ahí la infinidad de estilos existentes.

Toda esa abundancia se vuelve en nuestra contra cuando dejamos de hablar de Artes Marciales en general y estudiamos los estilos de forma individual.

¿Podríamos afirmar que las Artes Marciales van bien? Probablemente sí, pero no hay instructores de Artes Marciales, hay instructores de Karate, Judo, Kung Fu, etc., al desmenuzar de forma individual las Artes Disciplinaras empiezan a surgir los problemas, ¿porqué?

El porqué me lo dio un buen amigo que aunque no está vinculado directamente al mundo del Budo sí lo está a la industria del gimnasio: "Las Artes Marciales son una gran tarta, pero han querido partirla en tantos trozos que es imposible que coma nadie", me dijo mientras almorzábamos en Canals.

Así es, cada uno intenta de forma egoísta coger el trozo más grande. Cegado por su propio egoísmo es incapaz de ver que cada vez que intenta coger el trozo más grande lo que hace es partir la tarta en pedazos cada vez más pequeños.

Si desde el nacimiento de las Artes Marciales existen un sinfín de estilos añadamos un número infinito de maestros que por la necesidad de dar rienda suelta a su creatividad, por el hecho de intentar mejorar su forma de entrenamiento e incluso por motivos mucho más materiales (ganar más dinero, prestigio, etc.), crean nuevos estilos.

Pero es que luego, además, crean una organización para ese estilo en concreto, de esta forma son las propias Artes Marciales las que separan a los artistas marciales, porque normalmente no hay diálogo entre las diferentes ramificaciones, cada uno defiende su modo de entrenamiento con la certeza de que su forma de trabajar es superior a todas las demás, lo único que realmente consiguen con esta mentalidad es fraccionar aun más al colectivo de las Artes Marciales y de ese modo el valor de la variedad se vuelve contra nosotros.

Quizás una solución sea prescindir de la etiqueta "estilo", es decir, si por arte entendemos el proceso personal de creación del artista, tenemos que llegar obligatoriamente a la conclusión de que dependiendo del estado físico y anímico del practicante debería surgir una forma de arte, si no hay dos personas iguales, difícilmente puede haber dos formas idénticas de sentir el arte.

Esta forma de pensar es una apuesta clara hacia el individualismo y la creatividad en contra del trabajo mecánico y la tradición, una invitación hacia un entrenamiento más reflexivo, un dejar de lado la rutina que lo único que hace es entorpecer el progreso.

Con la abolición de los estilos sólo quedarían artistas marciales practicando Artes Marciales, la cosa se simplificaría bastante.

Habría que pensar si la palabra Artes Marciales es la adecuada para definir lo que estamos haciendo en la actualidad, ¿no sería más sincero utilizar la palabra Deportes Marciales o Prácticas Marciales para aquellos estilos que no tienen competición?

Todas las formas de arte que pasan por mi mente mientras escribo esto tienen un proceso de aprendizaje hasta llegar a un punto de inflexión que permite un proceso de creación.

La mayoría de estilos de Artes Marciales no permiten ese proceso de creación, se limitan a repetir una y otra vez lo mismo.

Belleza, plasticidad, estética son conceptos que se pueden encontrar en cualquier estilo, pero eso no es arte.

Para finalizar la mayor riqueza de las Artes Marciales reside en la multitud de estilos existentes que ofrecen la posibilidad de que todo el mundo pueda practicarlas, en contrapartida esa inmensa variedad es la culpable del tremendo separatismo y sectarismo que existe entre los diferentes estilos, envueltos en una lucha sin tregua cuyo único fin es alcanzar el mayor número de alumnos posibles.

La variedad de estilos acarrea obligatoriamente la creación de nuevas federaciones y asociaciones que se descalifican entre sí para acaparar el mayor número de afiliados, y si entendemos las Artes Marciales como arte tendríamos que olvidarnos de los nombres de los estilos y confiar en la imaginación y creatividad de los practicantes.

El pez que se muerde la cola, la riqueza que nos empobrece.

CINTURONES Y TIRANTES

Voy a empezar este capítulo haciendo un cariñoso guiño a nuestra obra más internacional: *"Como un hidalgo de antaño, una especie de Don Quijote moderno sigo esgrimiendo mis ideas en forma de espada a lomos de mi Rocinante, la constancia, luchando sin tregua contra terribles molinos de viento y el poderoso caballero Don dinero."*

De esta forma tan literaria me dispongo a dar mi opinión acerca de un problema que empieza a ser más que preocupante.

Vivimos en un mundo donde el dinero va cogiendo cada vez más protagonismo, casi todo se puede comprar, casi todo tiene un precio, las Artes Marciales no están exentas de esta tendencia y también se venden, cosa que ya me parece una estupidez pero es que además lo están haciendo a un precio ridículo; me viene a mente un refrán que dice: "Para ser puta y no cobrar nada, mejor mujer honrada", eso tal como suena es mi primera reflexión.

Si queremos que las Artes Marciales vuelvan a gozar del prestigio que tenían tenemos que hacer frente a nuestros problemas, sólo así tendremos posibilidades de hacer progresos.

No sé en que punto de mi camino estoy ahora mismo, hace falta mucha lucidez para poder juzgarse uno mismo con sinceridad y tanta lucidez aún no la he encontrado, pero de tanto andar fui aprendiendo y ahora puedo opinar de todo lo que he ido viendo a lo largo de mí peregrinar por los caminos del Budo.

Algunos "grande maestros" se dedican a convalidar y regalar cinturones y titulaciones avaladas por sus "prestigiosas" organizaciones, que aunque siempre trabajan sin ningún ánimo lucrativo, no se les olvida cobrarte un "módico" precio por tu preciado diploma.

Hace menos de una década era casi imposible llegar a ser décimo Dan, ese grado representaba la perfección y como no hay ningún ser humano perfecto, se solía dar a los grandes maestros a título póstumo. Atrás han quedado los años donde pagar la solicitud del examen daba derecho a examinarte y no necesariamente a aprobar.

Al ritmo que llevan en la actualidad tendrán que inventarse 20 ó 30 danes más por que algunos hace tiempo que se quedaron sin danes suficientes para examinarse, el Kame-Kame de Son Goku es un juego de niños comparado con la perfección técnica de estos "maestros".

El mundo de las Artes Marciales cada día da más asco, mientras que yo, en todos mis artículos y libros, intento reflejar las virtudes y grandezas de las Artes de combate; otros, en cambio, sólo se preocupan de sus bolsillos, sin darse cuenta que aunque probablemente ellos se estén enriqueciendo, su actitud deja el futuro de las Artes Marciales contra las cuerdas y al borde del K.O. Imagino que pensarán: "el que venga detrás ya hará lo que pueda"; una filosofía que deja muy a las claras la personalidad tan espléndida y generosa de estos personajes. "Pan para hoy y hambre para mañana", el mañana les importa bien poco pues seguramente ellos ya no estarán involucrados en nuestro círculo.

Recuerdo cuando yo empecé a practicar Karate Shotokan en mi pueblo natal, Canals, entonces era importantísimo preparar el examen de cinturón negro 1er Dan a través de la Federación Española de Karate, no recuerdo ahora exactamente cuanto dinero había que pagar para poder examinarte, pero la cantidad era considerable y lo mejor era que si el tribunal de grados no te veía apto te suspendía y no pasaba nada, tenías que presentarte a otro examen y volver a pagar la cuota de inscripción, igual que pasa en la actualidad con el permiso de conducir, eso hacía que el que iba a presentarse al examen estuviese en ocasiones más de un año preparándolo, perfeccionando cada técnica, gesto o kata; de esa forma, obligatoriamente, el aspirante subía su nivel.

El alumno esperaba con angustia y ansiedad la fecha de su examen, pues nunca tenía la certeza de que su preparación hubiese sido suficiente para enfrentarse a la prueba con éxito, todo eso ahora se está perdiendo, esa incertidumbre de aprobar o suspender queda amortiguada por la seguridad que ofrece el haber pagado antes.

Parece que el tiempo se ha encargado de señalar como culpables de esta situación a la infinidad de asociaciones que se han creado en España en los últimos años.

El derecho a asociarse está amparado por nuestra Constitución, por lo tanto, es ridículo hablar de intrusismo, sus exámenes son tan válidos como los de cualquier federación, entonces, ¿por qué achaco el problema a las asociaciones?

Las asociaciones no reciben ningún tipo de subvención, por lo tanto, no les queda más remedio que autofinanciarse. En ese intento de ofrecer un amplio calendario de actividades para sus miembros sin ningún tipo de ayuda económica hace que los criterios técnicos queden en un segundo plano... justo detrás del dinero.

La asociación y el salario de su fundador están estrechamente ligados al número de afiliados.

Si suspendemos a un señor cinco veces para el examen de cinturón negro 1er Dan probablemente corramos el riesgo de que cambie a otra asociación o federación que le dé más facilidades y eso por supuesto no nos interesa.

De esa forma lo único que conseguimos es ir bajando el listón, por que además las otras asociaciones también lo hacen y si nosotros somos más exigentes nos vamos a quedar sin afiliados.

La gente joven, se están ganando a pulso el apodo de la "generación del mínimo esfuerzo", quieren conseguirlo todo con el mínimo trabajo y si puede ser invirtiendo poco tiempo, ¿dónde está el espíritu de sacrificio?

Como ya se les conoce casi toda la publicidad va encaminada a hacerles creer que todo se puede conseguir de forma sencilla y cómoda: "Aprenda inglés en diez lecciones", joder, ¿y para qué está la Escuela Oficial de Idiomas?; "Hágase un experto en informática en diez días"... y aún hay algunos que van a la Universidad a estudiar informática, ¡serán ignorantes!

Nos estamos acostumbrando a comprar nuestros objetivos, olvidándonos de la satisfacción que produce el haberlos conseguido por nuestros propios medios. Nuestro dinero está construyendo el éxito de otros, pero no el nuestro.

Personalmente, y viendo las pocas garantías de calidad que ofrecen hoy en día los cinturones, me he pasado a usar tirantes: son mucho más cómodos y de momento soy el único "tirantes negros 3er Dan ". ¿Quién sabe?, igual en unos años se ponen de moda y también se pueden convalidar.

Aunque sé perfectamente que este texto —como casi todos los míos- volverá a caer en saco roto me satisface pensar que por unos instantes hemos hecho un viaje hacia la cruda realidad, algunos miembros de asociaciones y federaciones por un momento se habrán preguntado si la suya es una de esas que va regalando títulos.

Algunos cinturones negros estarán haciendo un rápido bagaje a su nivel técnico para comprobar si realmente tienen el grado que merecen; de todos modos, el simple hecho de cuestionarse les conducirá a una mayor comprensión del camino que han elegido, si les sirve de algo: "quien esté libre de pecado que tire la primera piedra".

Imagino que algunos se estarán preguntando si yo convalidé algún grado, muchos de mis cinturones fueron vergonzosamente regalados en forma de convalidaciones y homologaciones, pero mucho más vergonzosamente... los acepté.

EN LA MESA DEL TRIBUNAL

Presentarse al examen de cinturón negro en cualquier estilo suponía una difícil prueba, exigía una preparación minuciosa para poder superarla, de hacerlo nos ganaríamos el respeto de nuestros compañeros y maestro, pero los tiempos cambian... y no siempre para mejor.

Cuando tenia doce años y me iniciaba en el camino del Budo, me suspendieron dos veces para el examen de cinturón amarillo, en la segunda ocasión el profesor pensó que merecía una explicación y me dijo: "Ricardo, técnicamente tu examen es digno del cinturón amarillo, pero si no pones mas "Kime" (mala leche) te suspenderé cada vez que vengas al examen". Cuantas veces maldije a aquel profesor, años después entendí cuanto le debía.

Aquel episodio cambia el concepto que yo tenía de las artes marciales, no era cuestión únicamente de movimientos ejecutados con mas o menos coordinación, belleza o plasticidad, las artes marciales exigían mucho mas, necesitaban de actitud, de un estado mental fuerte y preparado a enfrentarse con cualquier rival, bien otro hombre e incluso una enfermedad o problema.

Muchos años después de mis exámenes de Karate Shotokan en Canals, me toca sentarme en la mesa del tribunal de grados y juzgar el trabajo de nuevos estudiantes que aspirar al cinturón negro, en ocasiones incluso debo evaluar a gente que se examina para subir de danes.

Veo a gente con unas cualidades físicas que yo no he tenido nunca, con una técnica que se podría incluir en una película de Van Damme, pero carecen de actitud, bajo mi criterio el atributo más importante que un artista marcial debe tener, eso fue lo que me enseñaron cuando tenía doce años y desde aquellos días hasta hoy es lo primero que exijo, así el primer pensamiento que me asalta la cabeza es suspender a todos, al fin y al cabo son cinturones superiores y deberían hacerlo con más genio, con mayor mala uva, definitivamente suspendidos, pero claro después de ese pronto, uno analiza las cosas con mayor profundidad y se pregunta si en vez de suspender a los alumnos habría que suspender a los instructores.

Recuerdo que cuando empecé a entrenar mi profesor ya nos decía que cuando él era alumno los entrenamientos eran mucho mas duros de lo que exigía ahora, hoy puedo asegurar que cuando yo entrenaba las clases eran mucho mas duras de las que imparto en la actualidad, así pues, podemos llegar a la conclusión que las Artes Marciales se han ido suavizando para hacerlas mas asequibles a un mayor número de personas, sin duda, por lo tanto no sería descabellado afirmar que el tribunal no puede requerir los mismos criterios ahora que hace veinte años.

¿Qué tiene que tener en cuenta un profesor que forma parte de una mesa del tribunal? Desde luego está claro que el pagar el examen únicamente te da el derecho de hacerlo, pero no de aprobarlo, por lo tanto, ese criterio no es suficiente para dar a un aspirante su ansiado premio, ¿seguro?

Hay que tener en cuenta que un suspenso puede acarrear la perdida de una afiliación, de un alumno, de un cliente, ¿Interesa eso?

Los miembros del tribunal se reúnen tras ver los exámenes a deliberar quien esta o no apto, los exámenes constan de varias pruebas y no es justo suspender a alguien por el mero hecho de que alguna no le haya salido tan bien como a los demás, eso es coherente, hay que sacar una media de todas las pruebas, pero la carencia de actitud no es suficiente motivo para obviar el resto del examen.

Antiguamente en las clases de Karate no era nada extraño ver a los alumnos en la posición del jinete (kiba dachi) mientras el profesor les lanzaba puñetazos e incluso patadas en el estomago, desde luego así hubo muchos que abandonaron la practica de las Artes Marciales pero hubo otros que siguieron y hoy cuando los ves trabajar te das cuenta que vienen de otra época, con mentalidad diferente.

Uno de los deportes de combate mas practicado en la actualidad son las MMA (Artes Marciales Mixtas), un deporte de contacto, si algún instructor se le ocurriera incluir en su planificación una de esas clases se quedaría solo.

Si las clases se han suavizado, cosa que por otra parte yo como instructor también he hecho, no me parece descabellado también bajar el listón del examen, quizás sea parte de la evolución de las artes marciales el dirigirse hacia ese camino, no es para echarse las manos a la cabeza no hay que olvidar que el maestro Jigoro Kano, respetado en todo el mundo por ser el fundador del judo, también suavizo el jiu jitsu de la época para poder llegar a más gente e incluso incorporarlo al programa de enseñanza de las universidades japonesas.

Quizás deberíamos buscar el equilibrio entre la evolución de las Artes Marciales y las exigencias de los exámenes, no tiene sentido querer pretender mucho y entrenar poco, tenemos que ser conscientes de una forma honrada del camino hacia donde se dirigen las artes marciales y si eso nos lleva a suavizar las clases y los exámenes sería un buen momento para dejar de hablar de artes y hacerlo de deportes marciales.

Respecto a mí, lógicamente deje de formar parte de ningún tribunal de grados, aumentaría el porcentaje de suspensos y eso al final terminaría creándome enemistades innecesarias.

BIENVENIDOS AL LADO OSCURO

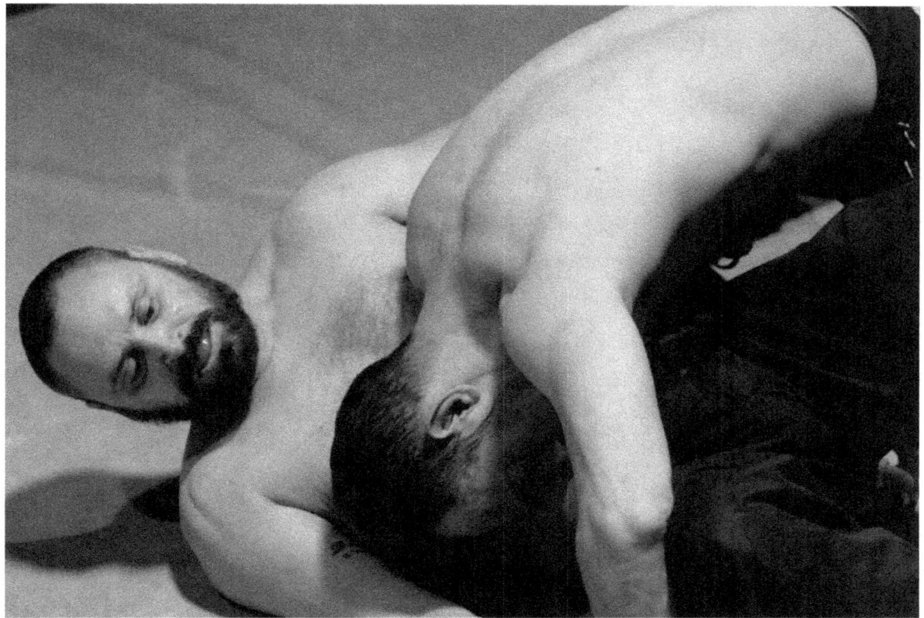

Se oye el constante y casi hipnótico goteo de una ducha, un viejo y destartalado banco sirve para que el luchador se siente mientras su preparador le pone las vendas en las manos, es curioso ver lo quisquilloso que logra ser mientras le ponen el vendaje, me aprieta, me duele, sus protestas parecen ridículas para alguien que va a romperse la cara en unos minutos.

En el vestuario hace un frío espantoso así que lo mejor es ponerse a calentar antes de subir al ring, es la mejor forma de evitar desagradables sorpresas y lesiones, la sombra es una buena manera de romper a sudar, tu cabeza está intentando visualizar lo que está a punto de suceder, tu corazón palpita con tanta fuerza que parece que quiere salir de tu pecho, la adrenalina fluye por todo tu cuerpo a través de las venas.

La puerta del vestuario se abre y sabes que tu momento está cerca, si es un buen o un mal momento sólo el desarrollo del combate marcará la diferencia, la victoria y la derrota únicamente están separadas por una frágil puerta que cualquiera de los luchadores podría romper, en ocasiones, incluso con un sólo golpe.

Un solo error, un solo instante, un solo descuido y todo puede cambiar, no es lo mismo ganar que ser derrotado, unas décimas de segundo pueden convertir la alegría en tragedia.

 Con miedo por dentro y seguridad por fuera recorres el pasillo que separa el vestuario del cuadrilátero, el propio miedo que sientes momentos antes del inicio del combate te hace sentir vivo, más vivo que nunca, oyes gritos lejos, muy lejos, una mezcla de miedo y locura empañan tu vista, el peligro se respira en el ambiente, la gente tiene ganas de que empiece la pelea, han pagado su entrada y quieren ver un buen espectáculo.

No te conocen, no les importa tu vida, no quieren conocer tus problemas, únicamente quieren verte luchar para eso estas ahí.

Aún queda un paso más del ritual, justo antes de que comience el combate, el preparador pone vaselina en la cara del competidor, con mimo, despacito, como con miedo de dañarlo.

El árbitro los llama al centro del ring, les advierte de los golpes prohibidos, les recuerda las reglas, mientras que ellos empiezan el combate con la mirada, ¿Quién lograra mantener la mirada del rival? Si los ojos son el espejo del alma, algunos competidores aparentan con su terrible mirada que han vendido su alma al mismísimo diablo para vencer la pelea.

Todo esta a punto, la campana suena y las hostilidades comienzan, ¿yo o él? Una misma pregunta para los dos, la elección es sencilla, también para los dos.

Ataques devastadores, sin ningún tipo de tregua, ni concesión alguna, el objetivo... terminar la pelea cuanto antes.

El árbitro, el tercer hombre del ring, danza a tu alrededor y tu lo ves sin verlo, él no entraña ningún peligro, realmente el verdadero peligro lo tienes justo delante.

Probablemente usando la cordura te preguntarías ¿qué hago aquí?, Ahora ya es tarde, ahora simplemente estás.

Hay un intercambio de golpes brutal y empiezas a sentir dolor, el mismo dolor que a casi todos asusta, pero que para ti es una gran noticia, si sientes dolor es que sigues consciente.

Ganar o perder ya no importa, lo único realmente importante es salir de allí en las mejores condiciones posibles.

Al día siguiente al levantarte el combate pasa factura, no importa el resultado que conseguiste, te duele todo, la única diferencia entre vencedor y vencido es que el derrotado al dolor físico tiene que añadirle el dolor moral, es muy duro digerir la derrota, el vencedor durante el día siguiente le agobiaran con llamadas de felicitación, el perdedor que es quién más lo necesita estará sólo, completamente sólo, pero a los dos las propias secuelas del combate les hará preguntarse, el porqué y para qué de tanto sacrificio y esfuerzo... no obtienes respuestas para esas preguntas y además sabes que habrá una próxima vez, siempre hay otro combate, un reto que superar, un nuevo desafío... y es que tu viaje ya ha empezado, un viaje hacia tu lado más oscuro, donde los instintos más primitivos y salvajes emergen con tanta fuerza y poder que eclipsan al sentido común.

Lo que acaban de leer podría ser la descripción literaria de unos sentimientos que afloran instantes antes de subir al ring, no puedo afirmar que todos tengan las mismas sensaciones, pero probablemente esta descripción podría estar muy cerca de la mayoría.

Si has logrado llegar hasta este párrafo es porque las Artes Marciales son tan importantes para ti como para mí, en cambio si estás aquí pero no te gustan sigue leyendo sin hipocresías ni tabúes, sí, lo sé, es muy difícil ser honrado con uno mismo, pero intentar argumentar lo inargumentable es una tarea imposible y una pérdida de tiempo.

Pelear es un instinto tan elemental para el hombre como su capacidad para amar, negar esta afirmación es querer cerrar los ojos a la realidad, pero como dijo Friedrich Nietzsche: "Hasta el más valiente de nosotros pocas veces tiene valor para enfrentarse con lo que realmente sabe".

En la antigüedad, y entre las naciones semicivilizadas, era costumbre que después de una batalla se sacrificara a los prisioneros de guerra en honor a los comandantes que habían muerto. También se hizo habitual sacrificar esclavos en los funerales de todas las personas de importancia.

A los esclavos condenados se les proporcionaba armas y eran instados a defenderse matando a quienes habían recibido la orden de matarlos. De esta evolución del sacrificio brutal hacia algo que se acercaba a una reconocible contienda deportiva surgió gradualmente el fenómeno del combate romano entre gladiadores: la muerte como entretenimiento de las masas.

Al principio las contiendas se ejecutaban junto a la pira funeraria o cerca del sepulcro, pero con el tiempo los encuentros fueron desplazándose hacia el circo y los anfiteatros.

Cuando el aficionado de los deportes de contacto grita: <¡mátalo, mátalo!>, no está revelando ninguna patología o retorcimiento individual, sino que afirma su común humanidad y parentesco, con miles y miles de espectadores que atestaban los circos romanos para ver gladiadores luchando a muerte.

Debería llamarnos la atención que semejantes eventos para el entretenimiento de las masas hayan persistido no unos años, o tan siquiera décadas, sino durante siglos.

Los orígenes del boxeo gladiatorio son específicamente griegos. Según la tradición, un gobernante llamado Thesus (aproximadamente del 900 antes de nuestra era) encontró diversión en el espectáculo de dos luchadores enfrentados, sentados uno frente al otro, golpeándose a muerte con los puños. Más adelante los combatientes lucharon de pie y cubrieron sus puños con tiras de cuero; luego fueron tiras de cuero erizadas con filosas púas de metal: el cestus. Una especie de ring, probablemente circular, pasó a ser un espacio neutral al que el boxeador lesionado podía temporalmente retirarse. Una vez que los romanos adoptaron el deporte, su práctica se hizo extraordinariamente popular: de un legendario campeón del cestus se decía que había matado a 1.425 contrincantes.

El combate entre gladiadores romanos fue abolido en tiempos de los emperadores cristianos Constantino y Teodorico, y su práctica quedó para siempre discontinuada.

El primer registro de un combate de boxeo en tiempos modernos aparece en Inglaterra en 1681, cuando el duque de Albermarle organizó un combate entre su mayordomo y su carnicero. En el siglo XVIII el boxeo resurgió en Londres en forma de combates en los que los contendientes luchaban por dinero sin guantes, mientras lo espectadores hacían apuestas por el resultado. En su origen se usó el término prizefighting (lucha por el premio).

Esta breve reseña histórica está centrada principalmente en lo ocurrido en Europa, en oriente también se estaban forjando lo que hoy conocemos como Artes Marciales.

Con la aparición de la pólvora las artes de combate quedan en un segundo plano en cuestiones de conflictos bélicos y se adaptan a formar parte de la muestra cultural de los pueblos, actividades deportivas y como medio de defensa personal.

En la actualidad como espectáculo de combate hay que destacar el Boxeo, Kick Boxing, Boxeo Tailandés (Muay Thai) y lo último, las MMA (artes marciales mixtas)

Este texto nace con la firme voluntad de demostrar que todos tenemos un especial interés hacia la confrontación de dos personas como forma de entretenimiento, una especie de relación amor-odio ante ese instinto salvaje y elemental que es ver como otros se golpean con el morbo añadido de pensar quien puede resultar ganador.

Por mi mente pasa ahora una anécdota personal que me ocurrió mientras cursaba quinto de EGB y es curiosa la similitud de esto con la diversión del gobernante Thesus.

Mi profesor (Don José) se ausentó de clase y un compañero y yo nos enzarzamos en una discusión que terminó llegando a las manos, en esos instantes volvió el profesor y nos pilló empujándonos,

nos sacó al centro de la clase, uno frente al otro, y nos dijo que empezáramos a abofetearnos, al principio con el enfado las tortas eran fuertes, una cada uno y cada vez con una mano y a una mejilla, al final, cansados de dar y recibir, las bofetadas se fueron tornando cada vez más suaves. Mientras nuestra cara y manos se enrojecían por los impactos, nuestros compañeros se tronchaban de risa viendo tan peculiar espectáculo, se estaban divirtiendo, presenciando aquello, mi "adversario" y yo finalmente nos detuvimos, nos dolían las manos, la cara y hasta el alma, en mi vida me había sentido tan estúpido (bueno sí, pero eso es otra historia).

Es curioso comprobar como un gran sector de la sociedad por desconocimiento siempre acaba vinculando a los artistas marciales con una inexistente violencia.

Probablemente una gran parte de los lectores tacharán este capitulo de hacer apología de la violencia, pero no es cierta, la agresividad hay que conocerla y saber canalizarla de una manera constructiva, y sino constructiva por lo menos no destructiva.

Quizás algunos de los que critican las Artes Marciales son los que reflejan todas sus frustraciones cotidianas (laborales, familiares, etc.) en un simple atasco de coches, y que me dicen de aquellos que durante toda la semana son gente educada y culta y el fin de semana su personalidad se desdobla ante el anonimato de la multitud e insulta y tira objetos a un árbitro en un campo de fútbol, ¿es esa la mejor válvula de escape a la rutina de toda la semana?

Lo que diferencia a los Artistas Marciales del resto de la gente es que reconocemos nuestros instintos más escondidos y los convertimos en una forma de arte.

En nuestro entrenamiento diario incluimos combates y sabemos lo fácil que es provocar e infligir daño por eso cuando salimos a la calle evitamos a toda costa una pelea.

Luego el que elige competir en un ring lo hace porque quiere y nadie le obliga a ello, conoce el peligro que eso conlleva y lo asume, entiendo que para muchos pueda parecer una locura subirse a un cuadrilátero a intercambiar golpes con un desconocido, pero yo me pregunto: ¿ir a 200km/h encima de una moto es estar cuerdo?, Y es que debe ser muy estrecha la línea que separa la cordura de la locura, aunque hay momentos en la vida en los cuales hay que ser un poco loco para salir bien parado.

¿Tan malo es ser un luchador? El escenario puede cambiar, pueden cambiar las reglas y las armas a emplear, pero al final en cualquier faceta de la vida te obligan a luchar y tú, si eres de los míos, estarás preparado, de la escuela de la vida aprendí que lo que no me mata me hace más fuerte, al fin y al cabo al auténtico luchador no se le conoce por el tamaño de sus bíceps, es más bien cuestión de actitud y mentalización, no olvidéis que luchador es el que lucha.

LA FAUNA DEL TATAMI

Todos aquellos que asistáis al gimnasio con cierta asiduidad habréis tenido algún compañero que se ajuste a las descripciones que podréis leer a continuación. Ellos conforman la increíble fauna del tatami.

El bocazas:

Es un tipo con unas cualidades innatas para manejar la lengua como nadie, de hecho, si moviera sus piernas como la lengua Van Damme parecería el más descoordinado del mundo. Fuera del tatami es capaz de realizar las proezas más impresionantes, pero al entrar en él de repente o se le olvida o le aparece alguna lesión.

El broncas:

Es el típico alumno que pone en práctica lo aprendido entre semana cada vez que sale el fin de semana. Cualquier excusa es buena para sacar un golpe, cualquier motivo es suficiente para pelear, normalmente son gente joven que con la edad suele cambiar.

El tiquismiquis:

Es bastante habitual encontrarlo en las clases de Artes marciales, aunque la verdad es que no entiendo mucho porque, no le gusta el contacto, es que me puedo lesionar. No le gustan los calentamientos demasiado intensos, es que cansan. No le gustan los estiramientos, es que duelen. ¿Es que te gustan las Artes Marciales? ¿Por qué no haces otra cosa?

El tradicional:

Cualquier tiempo pasado fue mejor. Admira a los grandes maestros del pasado, conoce sus historias, sus combates, sus estilos y yo me pregunto: Si en todos los deportes mejoran los records y las marcas con el tiempo, ¿por qué en las artes marciales debería ocurrir al revés?

El brucele:

Imitan sus gestos, su primer mandamiento es amare a Bruce Lee sobre todas las cosas. Conocen su biografía y filmografía al dedillo. Eso si... nunca entrena como él.

El nerviosillo:

Los compañeros tienen pánico de ponerse con él, ser su pareja garantiza una lesión, si tienes suerte de poca importancia, si te hace una gracia te saca un ojo. Su autocontrol brilla por su ausencia, eso si siempre es sin malicia.

El fugaz:

Se apunta al gimnasio, hace su primera clase y... y ya se borró.

INSTRUCTORES POR HOBBY Y ALUMNOS CLIENTES

Los instructores de Artes Marciales tenemos la responsabilidad de reforzar y mejorar la imagen de unas disciplinas que injustamente están siendo condenadas a unos estereotipos que no encajan para nada con la realidad.

Continuamente las Artes Marciales son relacionadas por desconocimiento con agresividad y violencia, ¿qué hacemos nosotros? La verdad, es que hay ciertas actitudes que ofrecen excelentes argumentos para nuestros detractores.

La competitividad existe en cualquier sector de nuestra sociedad, pero ¿con qué filosofía nos enfrentamos los artistas marciales a esta feroz competencia? Personalmente sólo conozco dos formas, la primera consiste en desacreditar a nuestro "adversario", la segunda trabajar con seriedad y profesionalidad para ser nosotros, con nuestro esfuerzo, los que nos ganemos el crédito.

La fórmula más empleada en las Artes Marciales parece que es la primera, en lugar de intentar construir, lo que hacen es poner todos los medios para destruir el trabajo de los demás, ni hacen ni dejan hacer.

Con esa lamentable disposición sólo estamos consiguiendo fraccionar más si cabe nuestro sector; existe una tremenda tendencia al separatismo.

He de reconocer que sería muy fácil descargar todas las culpas a las diferentes asociaciones y federaciones que rigen el futuro de nuestras disciplinas, pero dentro del organigrama también encontramos a los instructores y alumnos que tienen su parte de culpa.

Cuando me inicié en el camino del Budo, hace ya mas de treinta años, entre los alumnos existía una mayor disponibilidad para el entrenamiento, el espíritu de sacrificio era mayor.

En la actualidad da la sensación que en lugar de tener alumnos tienes únicamente clientes, afortunadamente, por ahora, sigue habiendo cosas que el dinero no puede comprar; entre ellas: la enseñanza.

Tu progreso va a estar íntimamente ligado al esfuerzo que realices, no existen atajos ni caminos más cortos, únicamente el trabajo diario y la voluntad de seguir adelante van a daros la perfección deseada.

Recordad que el cliente tiene muchos derechos y muy pocas obligaciones, en cambio, el alumno tiene tantas obligaciones como derechos.

En el tatami, la única moneda en vigor es el sudor.

Los instructores, por nuestra parte, tenemos que buscar nuevas fórmulas que conviertan nuestras clases en más atractivas, no podemos ampararnos en la tradición para cubrir nuestras propias carencias, en la sociedad actual la adaptabilidad es una valor muy cotizado, así que debemos ser capaces de adaptar nuestro arte a la demanda actual, de no hacerlo así estaremos irremediablemente condenados al fracaso.

Desde muy pronto cogí la sana costumbre —mi madre opina todo lo contrario- de comprar todas las revistas de Artes Marciales que aparecían en el mercado, en la actualidad tengo más de tres mil y mi biblioteca está formada por unos doscientos libros, a lo que habría que añadir infinidad de videos y todo tipo de documentación, tengo muy claro que para alcanzar el éxito necesariamente tenía que invertir mi tiempo (y dinero) en conocer perfectamente todos los entresijos que hay en el mundo del Budo.

"Ambición sin conocimiento es como un barco en tierra firme". Algunos quizás os preguntéis que pretendo conseguir, donde quiero llegar, la respuesta es muy sencilla, lo más complicado radica en ponerla en práctica, con mi trabajo espero incrementar el número de practicantes de Artes Marciales y romper de una vez por todas con el tópico de que las disciplinas marciales son para gente violenta o agresiva.

Sueño con que los artistas marciales gocen del mismo trato que pueden tener actores, escritores, toreros, etc., el mismo reconocimiento público por un trabajo bien hecho.

Sueño con unas Artes Marciales codeándose con otras artes como el cine, teatro, música, danza, etc., en igualdad de condiciones.

Sueño con unas Artes Marciales como sinónimo de cultura y no asociadas a la incultura como hasta ahora.

Sueño con el reconocimiento social y mayoritario de los grandes beneficios que pueden aportar las Artes Marciales con su práctica.

Y por soñar, sueño con unas Artes Marciales integradas perfectamente a los actuales programas de educación física escolar.

"No hay aventura más emocionante, ni vida mejor empleada, que la de perseguir un sueño, sin renunciar jamás a él".

Mi vida son las Artes Marciales y hasta que no se demuestre lo contrario, vida no hay más que una… ¿Y si después hay algo? Si después hay algo, que Dios se compre un chándal porque yo voy a seguir impartiendo mis clases.

COMO SER INSTRUCTOR DE ARTES MARCIALES Y NO MORIR EN EL INTENTO

Aunque sin duda este capítulo nace con un tono claramente humorístico, no es menos cierto que en él está encerrada la verdad, aunque en ocasiones encontremos en el texto un humor sarcástico e incluso irónico, esto no quita ni un ápice de realidad.

Haciendo uso del amplio refranero español: "Me río por no llorar".

Cojamos como punto de partida que las Artes Marciales no están pasando el mejor momento de su historia, el gran patrimonio cultural, la diversidad de estilos provocan que los instructores no puedan vivir impartiendo sus clases y al final optan por complementar un trabajo mejor remunerado con su hobby.

En este caso la riqueza cultural, el gran patrimonio marcial, se convierte en pobreza laboral y bancarrota empresarial, "La riqueza que nos empobrece", ¿recuerdan?

Pero como de esta dificultad ya he hablado en otro capítulo de este libro y la solución es mera utopía, voy a centrarme en problemas más cotidianos y a los cuales un instructor se enfrenta a diario.

El primer paso para impartir clases es hablar con el propietario del gimnasio y llegar con él a un acuerdo favorable para ambas partes, las condiciones suelen moverse entre el 50% o el 40% de la mensualidad o bien por horas trabajadas, modalidad que no suele ser interesante para los instructores de Artes Marciales, pues suelen impartir pocas clases diarias. Resumiendo, solemos cobrar un "tonto por ciento" de cada alumno.

Lleguéis a la conclusión que lleguéis siempre termina perdiendo el instructor.

Si tu alumno paga 30 € al mes por tu actividad y has quedado al 50% con el propietario, son matemáticas, te tocan 15 €, ¡pues no!, Porque nadie te ha dicho que existen infinidad de bonos descuento, por ejemplo, por realizar dos actividades pagan 36 €, por lo tanto, hay que sacar el 50% de 18 €, es decir, te quedan 9 €, que agradable sorpresa ¿verdad?

En ocasiones, cuando llegas por primera vez a un gimnasio y no conoces a nadie te encuentras con que el propietario, en un tremendo alarde de generosidad, acepta tus condiciones, el 50%, luego, cuando el grupo va creciendo, decide –sin ningún tipo de consulta ni opción de discutir ninguna otra posibilidad- pagarte a horas, y estás trabajando como mucho seis horas semanales... hay que joderse, una ruina, aunque siempre puedes irte a otro sitio y volver a empezar de cero.

Es curioso llegar a un centro deportivo donde hasta entonces solamente existían las modalidades de musculación y aeróbic y el propietario se plantea por primera vez incluir Artes Marciales en la oferta de su centro.

En primer lugar, te ofrecen el horario que les queda, es decir, a última hora, y además la sala que es con parquet, nunca tatami, no te recuerda en ningún momento que allí se practican disciplinas de combate; paredes pintadas con los colores más fashion, no hay sacos, ni paos, ni siquiera un póster del legendario Bruce Lee, así es imposible motivase, no existe el clímax.

Pero sin duda el lazo más fuerte que se produce en una clase de Artes Marciales es la relación maestro alumno ¿o debería haber escrito cliente?

Cada día es más difícil encontrar alumnos, es mucho más sencillo tener clientes, ¿qué los diferencia? El cliente sólo tiene derechos, pero ninguna obligación.

El aprendizaje en cualquier faceta de la vida exige ciertos sacrificios, en mi caso exigía que el practicante hiciera el terrible esfuerzo de asistir a clase tres horas semanales, ante tan elevado precio por aprender, muchos de ellos se sentían ofendidos y molestos por intentar convencerles que había tiempo para todo.

Si el instructor tiene la mala suerte de coger la gripe en días que coinciden con las clases, cuando vuelves a clase, débil por el efecto de los antibióticos, tienes que soportar con la mejor de las sonrisas que te digan −"Este mes pagaremos menos, hemos tenido menos clases". Esta frase se puede repetir si es fiesta nacional y coincide con un día de clase.

He llegado a la conclusión que podría ganarme perfectamente un excelente salario si llegase a un acuerdo con mis clientes, cada día que yo falte a clase ellos pagan menos, de acuerdo, pero por el contrario cuando falten ellos que paguen más, me haría rico.

El instructor tiene la obligación de que sus alumnos suban su nivel, tanto físico como técnico, pero el cliente no tiene la obligación de entrenar al máximo de sus posibilidades, hombre, soy instructor no el mago de Oz, si quieren resultados tendrán que poner algo de su parte también, en Artes Marciales no hay trucos ni magia, sólo entrenamiento.

Recuerdo una competición de Full-Contact, era un Interclub y varios de mis alumnos decidieron participar, entre ellos uno que hacía varios meses que no entrenaba conmigo, como el campeonato me pareció bastante asequible dejé que compitiera a pesar de su baja forma física, me pareció una buena manera de que entendiera que sin entrenamiento no hay resultados, iba a sentir en sus propias carnes la falta de preparación.

Cada asalto duraba dos minutos y en el transcurso del primer round ya pasó dificultades, pero logró terminarlo, durante el descanso, en la esquina le pregunté: -"¿Le tiro la toalla?", a lo que él me respondió: -"Ni se te ocurra, dásela en la mano".

En el mundo del boxeo se cuenta la historia de un boxeador que estaba perdiendo su combate de una forma contundente, al llegar a la esquina su entrenador, para motivarle, le dijo: -"Venga, campeón, que ya lo tienes.", El boxeador giró su cabeza lentamente hacia el preparador y le dijo: -"¿estas seguro?", El entrenador eufórico le dijo: -"¡si hombre!, ¿No lo ves?", Entonces el boxeador, con un semblante que reflejaba claramente todas sus dudas replicó: -"pues vigila al árbitro que hay alguien que me está dando una paliza".

No encuentro mejor forma de terminar que como empecé:

A quien pueda concernir: Estimados propietarios de gimnasios, nosotros tenemos claro que un negocio se monta para ganar dinero, pero ¿qué les hace pensar que nosotros trabajamos por amor al arte?

Estimados alumnos, por muy bueno que sea vuestro maestro si no entrenáis no veréis resultados, por lo menos, ya que pagáis el mes, porque lo pagáis ¿no?, Sacadle el máximo rendimiento a esa inversión.

Si algún propietario o alumno se ha sentido molesto con este texto, no hagan caso, todo parecido con la realidad es pura coincidencia y como diría nuestro refranero: "A quien le pique, que se rasque".

ADORNOS Y COMPLEMENTOS

No tenía nada claro que fuera conveniente escribir un texto de estas características, primeramente, porque tenía que poner en tela de juicio conceptos y métodos de entrenamiento muy arraigados en el mundo de las Artes Marciales, y en segundo lugar, es que he terminado comprendiendo que en un mundo donde uno se contenta con practicar lo que ya sabe las informaciones nuevas molestan, aunque sean verdaderas.

Raro es que en la publicidad de cualquier estilo no aparezca el concepto de defensa personal como reclamo para conseguir un mayor número de alumnos pero, ¿qué entendemos por defensa personal? La forma de repeler una agresión de la manera más sencilla y rápida posible. Esta definición podría ser válida, pero ¿se entrena realmente con es idea en mente? Desgraciadamente, en la mayoría de los casos, no.

En la calle la agresión suele producirse de forma inesperada y por individuos agresivos acostumbrados a vivir esa violencia, golpean con rabia y sin medida, con la mentalidad de sentirse agresores y no víctimas, por eso tenemos que actuar con velocidad y contundencia, acortando al máximo el tiempo entre el ataque y la respuesta. Sin embargo, los instructores, en ocasiones, seguimos enseñando combinaciones que en algunos casos nosotros mismos dudamos de su posible aplicación en la calle.

¿Por qué sigue ocurriendo esto? Y ¿los instructores enseñamos siempre técnicas efectivas para una confrontación en la calle, o nos limitamos a enseñar siempre las mismas técnicas por inercia o escudados en la tradición?

En ocasiones a uno no le dejan otra alternativa que la sonrisa al ver cómo grandes maestros, expertos en defensa personal, se empeñan en mostrarnos técnicas para desarmar ante un ataque con cuchillo. Pretender repeler una agresión con arma con un desarme puede ser suicida. El gran maestro Bill Newman puede dar más luz a este asunto: "Hay cosas que pueden hacerse, pero no desarmes; si, por las circunstancias que rodean al enfrentamiento, no podemos correr, entonces hemos de atacar, no desarmar. Hay que tener presente que si te cortan con un cuchillo, aunque no sean más de cinco centimetros, el cuerpo va a entrar en shock. En esas circunstancias tu cuerpo ya no puede reaccionar.

La misma idea se podría aplicar un simple agarre de solapa, algunos intentan una luxación a la muñeca, para después luxar codo e, incluso, hombro. ¿No sería más simple y directo un puñetazo a la cara?, ¿No romperíamos rápidamente el agarre? Probablemente sí, pero nos enfrentaríamos a un nuevo problema, pero esta vez judicial: la defensa tiene que ser proporcional a la agresión. ¿Podemos sacar la conclusión de que lo sencillo y eficaz puede ser ilegal por su brutalidad, mientras que con la ley en la mano lo mejor será reducir a nuestro agresor de la manera menos violenta posible, a pesar de que de esta forma expondríamos mucho más nuestra integridad física? Pero claro, si esto fuera así se me ocurre otra pregunta, ¿en la sociedad actual tiene cabida la verdadera defensa personal? Probablemente si contestaran a esta pregunta sinceramente se darían cuenta de que, en ocasiones, la verdad puede ser tan cruel como la propia calle.

¿Se han fijado en las reacciones de un nuevo alumno? Es curioso comprobar como sus respuestas son puro instinto, responde ante cualquier ataque y es fácil engañarle con amagos, pues se defienden de todos ellos, luego sus ataques son inesperados y la trayectoria de los mismos inverosímil, su ritmo de combate... siempre una sorpresa; entonces empieza el trabajo del instructor que le educa, siempre bajo los criterios de un estilo en concreto. El alumno empieza a mecanizar ataques y defensas de un estilo en particular, pero ¿es ésa la realidad? Ningún estilo o sistema de lucha tiene respuestas para todas las situaciones porque en la calle, en un altercado real, las maneras de desarrollarse la pelea son infinitas, por lo tanto, resultaría imposible reunirlas en un solo estilo. Si de verdad buscásemos una forma simple y directa de defendernos nos daríamos cuenta que los estilos tendrían que coincidir en infinidad de puntos.

Respuestas simples y directas, ¿acaso no son ésas premisas imprescindibles en el arte del Jeet Kune Do del Maestro Bruce Lee?

Analicemos esta situación: Bruce Lee es el mito por excelencia en el mundo de las Artes Marciales, sin embargo, su arte sigue siendo minoritario, ¿Por qué? Probablemente porque el Jeet Kune Do sea menos comercial que otros estilos, la mayoría de gente que se acerca al camino del Budo buscan cantidad de técnicas en lugar de calidad de técnicas. Sin duda este error viene motivado por el desconocimiento y por el carácter de los occidentales que preferimos aprender mucho en lugar de bien, que suele ser más aburrido.

Otra pregunta que me hago es: si hablamos de defensa personal, ¿qué sería mejor, acumular o eliminar? Aquí, como en casi todo, hay partidarios de los dos conceptos: en primer lugar, los hay que piensan que es mejor acumular, su idea es que cuanto más arsenal técnico tengan, más posibilidades de respuesta; otros, en cambio, prefieren quedarse con pocas técnicas que puedan utilizar en todas las situaciones e intentan desarrollar al máximo sus atributos físicos. Dos maneras bien diferentes de entender las artes de la lucha, pero con un objetivo común: la eficacia.

El concepto "defensa personal" utilizado en la publicidad de cualquier estilo es un tema delicado y controvertido porque no todos ofrecen un sistema eficaz para repeler una agresión, la belleza y espectacularidad no siempre van unidas a la eficacia.

Cuando nuestro compañero se deja hacer y manipular sin ofrecer ningún tipo de resistencia y oposición todas las técnicas son válidas, adornos y complementos se pueden utilizar porque nuestra integridad física no corre ningún peligro. El problema lo encontramos cuando un ataque devastador, inesperado y sin tregua es lanzado contra nosotros y el rival no va a poner nada de su parte para facilitarnos las cosas, lógico ¿verdad? En esos momentos el falso sentimiento de seguridad que hemos creado en nuestros alumnos se desmorona al verse incapaces de encontrar técnicas adecuadas que les permitan salir de esa situación tan comprometida.

Sinceramente creo que el error no radica en la efectividad o no de las técnicas aprendidas, sino en el método de enseñanza de dichas técnicas, que no acercan a la realidad —siempre cruel- de la calle a nuestros alumnos.

DEFENSA PERSONAL O EL LUCRATIVO CAMINO DEL ENGAÑO

Tratar el tema de la defensa personal es especialmente espinoso y no exento de polémica, pero creo que puede ser beneficioso para todos los profesionales de las Artes Marciales, antes de que continúes leyendo quiero aclararos que no soy un especialista en defensa personal, no soy instructor de Krav Maga, ni me ha interesado nunca ser monitor de defensa personal policial o femenina, desde que empecé a dar clases, hace muchos años ya, me he dedicado a los deportes de contacto, Kickboxing, MMA y boxeo.

Precisamente desde ese prisma quiero analizar este embarazoso tema, este lucrativo negocio de los cursos de defensa personal en todas sus variantes que me parecen totalmente ineficaces y a continuación intento explicaros por qué.

Una de las cosas más importantes que aprendí de los deportes de contacto es que para subir a un ring u octógono es necesario entrenar en tres vertientes diferentes.

    I.   Aspecto físico.

    II.   Aspecto técnico.

   III. Aspecto mental.

Cuando un luchador se prepara para pelear al KO es responsabilidad del entrenador que su atleta suba preparado al máximo.

En el aspecto físico, el luchador tiene que entrenar de forma que pueda subir a competir seguro de que su cuerpo va a ser capaz de responder con las máximas garantías, no solo al desgaste puramente físico, sino también a la merma de los golpes recibidos y a la alteración mental que supone para nuestro cuerpo enfrentarse a un estrés máximo como es pelear al KO, la lucha contra tus propios "fantasmas" produce un deterioro brutal.

Antes de la pelea todos tus miedos asaltan tu cabeza, el miedo a la derrota, el miedo al ridículo e incluso, porque no, el miedo al castigo físico, todas esas dudas, suponen un esfuerzo terrorífico para acallarlas y seguir con tu objetivo que es subirte al ring u octógono y combatir.

Esa "guerra" contra ti mismo, será la primera que debes ganar si quieres tener alguna oportunidad contra tu oponente.

Recuerda está máxima: "Si tu dudas, tu rival gana"

Esta batalla contra ti mismo acarrea casi siempre un pago que se traduce en lesiones, lesiones por el estrés al que es sometido el cuerpo.

En una conversación con el luchador español con más combates en nuestro país, más de mil en infinidad de disciplinas, José Luis Zapater "Titin" me comento que solo recuerda una pelea en la que subió a luchar sin que le doliera nada, si habéis leído bien, en más de mil combates, uno solo con buenas sensaciones, eso con un tío que tiene la experiencia que tiene él, no sólo como luchador sino como entrenador también, imagináis a alguien con menos experiencia, ¿con qué estrés se enfrenta a la hora de subir a un ring y pegarse?

Ahora vamos al tercer punto del análisis, la técnica.

Los que habéis hecho combate, aunque solo se limite a un sparring en el gimnasio sabéis lo difícil que es aplicar las técnicas que hemos aprendido con anterioridad.

Cuando un alumno nuevo empieza, boxeo, por ejemplo, aprende la técnica, se repite una y otra vez, aprende a mantener las manos arriba, que baje la barbilla, que mantenga los codos pegados, que no ponga sus pies en línea y así un montón de cosas más.

Con las repeticiones todo eso se mecaniza y entra en una nueva fase, la de intentar aplicar esos conocimientos en un compañero que no se deja.

A mis alumnos les pongo siempre un ejemplo claro que no deja lugar a las dudas.

Sales de la ducha y motivado porque es fin de semana te quitas la toalla que llevas enrollada y en "bolas" empiezas a torear un toro imaginario.

Con maestría manejas la "toalla capote", recibes al toro imaginario a "Porta gayola", una de las suertes más difíciles y peligrosas de la tauromaquia, con fluidez, llegas al pase de pecho y faena perfecta.

Con esos gestos mecanizados y limpios añadimos una variable más, el toro.

El toro nos exige aplicar las técnicas que hemos aprendido y ahí, no solo no me salen los gestos, sino que dudo que sea capaz de mantenerme en pie, me faltarían piernas para correr y salir de allí.

Con este estudio que he hecho sobre lo que necesita un competidor para subir al ring u al octógono y pelear al KO, sacamos las siguientes conclusiones:

Primero que el peleador tiene que estar en unas condiciones físicas óptimas para poder enfrentarse con garantías al combate, en segundo lugar, tiene que estar preparado mentalmente para superar los altibajos emocionales y psicológicos que entraña un combate y en tercer lugar, los gestos técnicos han tenido que estar híper mecanizados para poder aplicarlos en un combate real.

Si estos datos los extrapolamos a la defensa personal, todos los profesionales que nos dedicamos a esto, incluyo a los que imparten este tipo de cursos, estarán de acuerdo conmigo que en apenas unas horas es imposible lograr un cuerpo física y mentalmente preparados para repeler una agresión real.

Entonces, la siguiente pregunta que se me ocurre es ¿Por qué se siguen impartiendo?

Creo firmemente en que se pueden aprender técnicas de defensa personal, eso sí, siguiendo los mismos criterios docentes que en cualquier otra actividad física, es decir, invirtiendo mucho tiempo para mecanizar y perfeccionar las técnicas.

Es lamentable ver publicidad de cursos de defensa personal de apenas unas horas y mujeres que se acercan a ellos para aprender a repeler una agresión física o sexual e incluso cursos avalados por entidades públicas para mujeres maltratadas.

Esas mujeres no van a poder repeler una agresión real sino entrenan de la misma forma que lo hace un competidor para subir al ring, porque ante la situación su cuerpo va a entrar en colapso y no va a saber responder, eso es la realidad.

Cuerpos de seguridad del Estado entrenan unas horas al mes para poder detener a un delincuente, en serio, los Cuerpos de Elite, entrenan a unas intensidades que les permiten repeler a terroristas y delincuentes peligrosos, pero desde luego sus conocimientos no se basan en cursos de fin de semana, sino a un entrenamiento duro y continuado.

Como recapitulación final deciros que sí creo en la defensa personal, ahora estoy completamente convencido de que los cursos de fines de semana o clases de apenas unas horas no son capaces de ayudarnos para repeler una agresión real y despiadada.

HAY QUE SER MUY PERRO

Mi relación con los perros viene de muy atrás, de cuando vivía en casa mis padres, estaba enamorado de la raza Pastor Alemán e insistí, hasta que ellos cedieron y me regalaron mi primer cachorro, **Lobo**.

Lobo, tuvo muy mala suerte, murió envenenado a los pocos meses de estar en casa, tenía apenas unos meses, recuerdo como lloré esa perdida, una y otra vez me preguntaba que había hecho mal para que el perrete se me muriera tan pronto. Casi sin querer, me dio una valiosa lección, yo era muy nene, **responsabilidad**.

Fijaros el tamaño del berrinche que mis padres decidieron comprarme otro cachorro… **Colmillo**.

Él estuvo conmigo doce años, primero en casa mis padres y cuando yo por trabajo cambie de ciudad, **Colmillo** se vino conmigo, él fue el primer perro que empezó a darme magistrales lecciones de vida, tras la primera perdida rápida de **Lobo**, **Colmillo** me enseñó que era la **amistad.**

Tras la muerte de Colmillo, llego a casa, **Draven**, otro Pastor Alemán, que llame así para homenajear al malogrado Brandon Lee, hijo del mítico Bruce Lee , que falleció durante el rodaje de la ya película de culto "El Cuervo".

Draven, estuvo catorce años a mí lado, y si no recuerdo mal, diez mudanzas, la más larga, de Gandía (Valencia) a Cambrils (Tarragona), ninguna mudanza le importo, lo único que valoraba es que estaba donde estaba yo, el amor en estado puro, amor sin fisuras, esa fue una lección brutal, el donde es un tema circunstancial y temporal, para ser feliz lo importante es con quién, llámalo si quieres, **fidelidad.**

Las Artes Marciales pusieron en mi camino a la organización Tarracosbull, su fundador Jaume Junque, estaba luchando por erradicar la lucha de perros en nuestro país.

Cuando mi mujer, Esther y yo conocimos esta organización y su razón de ser decidimos unirnos a su causa, visitamos refugios, hicimos viajes solidarios para trasportar perros de los refugios a sus futuros dueños, participamos en encuentros benéficos para buscar posibles familias, recoger comida o mantas, pero de todo aquello conocí a un perro que cambio para siempre mi vida, **Orco**.

Orco, es un American Stanford simplemente genial.

Su historia comienza cuando cuatro amigos deciden reunir dinero y comprar un macho para dedicarse a la cría de esta raza, el perro viaja de Nuevo México (EEUU) hasta España, una vez aquí, su "hogar" es un chalet donde esta durante alrededor de cuatro años, en un descuido **Orco** y un hijo de él escapan, están dos meses caminando solos hasta que al llegar a un pequeño pueblo, los vecinos llamar a la Guardia Civil "Seprona" porque un perro mal etiquetado PPP (Perro Potencialmente Peligroso) anda suelto.

Orco y el cachorro, son "cazados" y llevados a un refugio, allí pasa dos años en una jaula, cada vez que alguien llega al refugio pregunta por él, pero el responsable no decide darlo en adopción por si cae en malas manos.

Cuando llegamos Esther y yo, Esther lo ve, de eso hace cinco años y **Orco** sigue con nosotros, cada vez más mayor, cada vez más especial.

Personalmente nunca he tenido una relación tan cómplice como tengo con **Orco**, él solo pasea conmigo, no da ni un solo paso si yo no voy y esa fue la tremenda lección que me dio mi hermano Orco… **Lealtad**.

En su honor me tatué la mano derecha con su cara y su nombre, eso me garantiza que mientras yo viva, él estará conmigo.

En una de las visitas que hicimos a un refugio vimos a una galguita guapísima, abandonada por un cazador, llego a nuestra casa, **Xena**.

Murió con cinco años, con nosotros vivió tres y hasta su muerte nos dio una brutal lección, luchamos por ella hasta el final pero la enfermedad gano el pulso, los últimos meses cuide de ella y ella con mimitos se encargó de recordarme que me lo agradecía y que lo necesitaba, la lección de **Xena**, Se agradecido con quien te ayuda. A eso los humanos lo hemos llamado, **gratitud**.

En su honor me tatué la mano izquierda con su cara y su nombre y le dediqué mi cuarto libro "La Biomecánica en los deportes de Contacto" que podéis encontrar en esta misma colección.

Tras la muerte de **Xena,** hemos adoptado a **Gorgo**, tiene dos añitos y lleva muy poco tiempo con nosotros, la lección que ella me recuerda a diario, porque es verdad que esa ya me la sabia, aunque se me olvida, es vive hoy como si fueras a morir mañana, **disfruta**.

Responsabilidad, amistad, fidelidad, lealtad, gratitud y saber disfrutar cada día, NO son lecciones que aprendí leyendo el libro "El Arte de la Guerra" de Sun Tzu, podría ponerme más "culturilla" y decir que estas lecciones de humanidad las aprendí del libro: "Así hablo Zaratustra" de Friedrich Nietzsche, podría hacer una referencia a la mítica Esparta, cuna de los guerreros más temidos del planeta y decir que las aprendí del "Agoge" o ponerme patriota y decir que estas lecciones de saber estar y educación las aprendí leyendo el Código de Honor de nuestros gloriosos Tercios, pero no, estos conceptos con hechos no con palabras me los enseñaron mis perretes y sinceramente, hay que ser muy perro para poder cumplirlos a rajatabla.

Poe estos motivos entiendo cada día mejor a Groucho Marx: *"Cuanta más gente conozco, más quiero a mis perros"*.

Lobo, Colmillo, Draven, Orco, Xena y **Gorgo,** muchísimas gracias por las magistrales lecciones!!! Vosotros me habéis enseñado que los perros son las mejores personas que conozco!!!

EN BUSCA DEL PUNTO G

La vida es tomar decisiones, elegir sin estar seguros de acertar, cuando elegimos un camino tenemos que ser consecuentes con él y no abandonarlo a pesar de las dificultades que nos podamos ir encontrando, una sola cabeza para elegir un solo camino y dos piernas y dos cojones para recorrerlo, ¿recuerdas?

Las lecciones de las artes marciales deben traspasan las cuatro paredes del tatami, son enseñanzas de vida, cada año que pasas con el kimono puesto te empapas de un código ético y moral, si la instrucción es la correcta las técnicas serán lo menos importantes porque tu mente estará tan preparada como tu cuerpo para enfrentarse a cualquier dificultad.

Muchos padres apuntan a sus hijos al gimnasio para que practiquen algún arte marcial, ese es un error, no es una elección del hijo sino del padre, no se puede tener un compromiso fuerte con algo que tu no has elegido, este tipo de alumno participa de la clase pero no se involucra, aunque participar e involucrarse pueden parecer sinónimos no tienen nada que ver, la diferencia es muy clara, voy a explicaros la diferencia utilizando como ejemplo uno de mis platos favoritos: pechuga de pollo con un huevo frito, ¿Vamos allá? La gallina participa del plato, el pollo se involucra.

Desgraciadamente, en algún momento el caprichoso dedo del destino nos señalara, un problema se abalanzará sobre nosotros y desconoceremos la respuesta adecuada para afrontar con garantías esa prueba, será el momento de la decisión, será el momento de buscar nuestro punto G, una vez tomada no habrá vuelta atrás, en esos momentos la pregunta que debes hacerte es: ¿Qué soy, Guerrero o Gusano?

Si decides afrontar el problema con valentía he intentando salir para adelante a pesar de las adversidades serás un guerrero, y hasta que se demuestre lo contrario así seguirá siendo, por el contrario si decides rendirte sin luchar serás un gusano, quizás con el tiempo puedas rectificar y un día reconvertirte en guerrero pero siempre recordaras con amargura aquel día que fuiste un miserable gusano.

"PROMETORES" DE KICK BOXING

Algunos al leer el titular de este capitulo pensaréis que hay una errata, pues no, es un juego de palabras hecho con toda la intención.

Imagino que en el resto del mundo un promotor es el que promueve, pero en España no tenemos promotores sino prometores, los que prometen.

Por suerte, las cosas empiezan a cambiar, desde la entrada en la Federación Española de Kickboxing y Muay Thai (FEKM), del señor Jesús Eguia la Federación junto a las Autonómicas han empezado a proteger el nombre de las disciplinas que representan, la idea final es que solo tengamos un Campeón de España por peso y que goce del reconocimiento de la FEKM y por supuesto, del resto de organismos públicos, como el Consejo Superior de Deportes.

A pesar de que sigue sucediendo y sinceramente creo que están en peligro de extinción, todavía a día de hoy sigue pasando, pero los "Prometores" tuvieron su época dorada entre los años ochenta y noventa sobre todo, amparados en pequeñas asociaciones con muy pocos afiliados se dedicaban a organizar Campeonatos de España Profesionales incluso Europeos o Mundiales con muy poca o nada de credibilidad.

En la actualidad con la llegada de internet, incluidas Redes Sociales o plataformas como YouTube empezaron a verse acorralados, la gente tenía mucho más acceso a la información y ellos iban perdiendo crédito a una velocidad brutal.

En una época donde las MMA no eran conocidas, el Kickboxing o el Full Contact eran los deportes de contacto que hacían la "competencia" al boxeo, sin embargo, en España había infinidad de Campeones de Europa y del Mundo que no habían salido nunca de España y cuyos rivales eran más bien de poca o nula calidad.

La excepción en aquellos tiempos era José Vicente Eguzkiza, era el único español que se había enfrentado con los mejores peleadores del momento y en diferentes disciplinas, recuerdo un combate de él contra Joe Prestia que lo recuerdo como uno de los combates más espectaculares que he visto, aprovecho para invitaros a que lo busquéis y lo veáis.

Fijaros el daño que estaban haciendo los "Prometores" a nuestro deporte en España, que siendo director de la revista "CROSS-COMBAT" un colaborador me hablaba constantemente de un competidor de su comunidad, me decía que era excelente pero sinceramente yo jamás le prestaba atención, envió una entrevista que lógicamente publicamos pero únicamente por que nos la habían enviado, era un luchador español y la revista era española así que teníamos que apoyar de alguna forma a los nuestros.

Este colaborador cada vez que tenía ocasión me hablaba de las cualidades del luchador en cuestión. Y una vez tras otra yo le daba la enhorabuena por el nivelazo pero sin hacer demasiado caso, finalmente hizo el campeonato del mundo, ¿Os podéis imaginar cuantos españoles campeones del mundo conozco? Si, así es, casi tantos como practicantes, bueno pues en ese campeonato del mundo paso lo que pasa en todos, el español ganó.

Me envió la crónica que por supuesto publique y unos días más tarde me llamo de nuevo para pedirme un favor, el favor era que me pusiera en contacto con el K-1 para presentarles a este luchador y yo pensé…¡ni loco!. En aquel momento tenía una estrecha relación con los departamentos de prensa de los eventos más importantes del mundo, PRIDE; UFC y por supuesto, K1. La revista "CROSSCOMBAT" gozaba del reconocimiento de todo el mundo, era la primera en el mundo escrita en castellano y lógicamente los mejores eventos sabían el poder de nuestro idioma y el nicho de mercado existente en el mundo de los hispanoparlantes, así que no podía jugarme todo eso hablándoles de un chaval que seguramente haría el ridículo peleando en Japón.

Incansables semanas más tarde me enviaron una cinta de video con tres peleas de este luchador, joder el Kickboxing me gusta, ¿Qué iba a hacer? Pues verla… y FLIPE.

Ante mí vi aun luchador con una movilidad, velocidad y recursos técnicos increíbles puede pegarse con cualquiera de los que participaban en aquel momento en el K-1 Max y entonces una pregunta estalló en mi cabeza con la misma fuerza que lo hace un terrible crochet.

¿CUÁNTO DAÑO HAN HECHO LOS PROMOTORES A NUESTRO DEPORTE? No le di crédito porque había peleado en organizaciones fantasmas y pensé que su nivel estaría a la altura de esos campeonatos, pero en realidad peleaba ahí porque era lo que había en ese momento.

Por cierto, el luchador de la historia era Abraham Roqueñi, que por supuesto, peleo en el prestigioso evento K1 y realizo combates simplemente espectaculares.

Desde aquí animo a la Federación Española y a las Federaciones Autonómicas a seguir trabajando como lo están haciendo hasta ahora, que sigan luchando para desenmascaran a estos "Prometores" que llenan sus bolsillos pero arruinan a nuestro deporte y a todos los chavales que quieren dedicarse a la competición, únicamente recordarles que solo hay una Federación Española de Kickboxing y Muay Thai (FEKM), buscarla.

¿HAS VISTO ALGÚN MAESTRO DE BJJ? POR TODAS PARTES

Este es otro de los capítulos que tenía ganas de afrontar, de la misma manera soy consciente de que puede generar "ampollas", por eso recuerdo que esto que vais a leer no es ni más ni menos que mi opinión, una opinión formada desde la experiencia y desde mis conocimientos, probablemente me falten datos que igual me harían cambiar mi forma de pensar en la actualidad.

Mucho antes de que yo me iniciara en el camino del Budo ya existía la posibilidad de convalidar algún cinturón o un curso de monitor, las diferentes federaciones o asociaciones se justifican argumentando que este tipo de certificaciones sirven para promover y divulgar diferentes estilos o deportes, normalmente minoritarios o que acababan de llegar a nuestro país y que hay interés de que crezcan.

Con estas explicaciones podemos encontrarnos en que puedes optar a ser cinturón negro de un estilo con un simple examen o monitor de un deporte asistiendo a un curso de fin de semana, aunque creo que no es la mejor manera de hacerlo, no es menos cierto, que normalmente te exigen tener experiencia demostrada, por lo que en el caso de impartir clases del nuevo estilo que has "aprendido" puedes estructuran tus clases como hacías antes, creo que estas prácticas deberían acabar pero bueno, tenías una base para afrontar una clase.

Con el paso de los años, lógicamente todo ha evolucionado, por supuesto, también las Artes Marciales y los Deportes de Contacto, nuevos estilos han llegado a nuestras vidas y quizás uno de los que ha llegado con más fuerza ha sido el Brazilian Jiu Jitsu que junto a las MMA, o como se conocían antes el "Vale Tudo" dinamitaron el mundo de la lucha allá por el año 1993.

Esto lo sabe poca gente, pero yo fui uno de los primeros alumnos de Brazilian Jiu Jitsu en nuestro país.

Creo que fue en 1998 cuando el Maestro Robin Gracie, hijo del legendario Helio Gracie, llegaba a España, concretamente a Valencia y yo me apunté a sus clases, allí compartí tatami con algunos de los pioneros del BJJ y las MMA de nuestro país, gente como Tito Beltrán, Antonio Tello o Juan Miguel Valles "El niño", puro "Old School".

Estuve muy poco tiempo y sinceramente no adquirí ningún tipo de conocimiento ya que el Maestro Robin Gracie a los pocos meses de estar en Valencia decidió mudarse a Barcelona donde actualmente sigue residiendo e impartiendo clases en su Academia Gracie Jiu Jitsu Barcelona.

Lo que si recuerdo perfectamente es la charla que nos dio el Maestro Robin antes de empezar las clases, el objetivo fue aclararnos que el cinturón negro de Brazilian Jiu Jitsu o más concretamente de Gracie Jiu Jitsu no se obtenía de forma rápida, que mientras en

Artes Marciales tradicionales como el Karate o el Judo, por ejemplo, se tarda alrededor de cuatro o cinco años en BJJ se podría hasta doblar el tiempo necesario para ser cinturón negro o "faixa preta" como se dice en el mundillo del BJJ y por supuesto, nada de convalidaciones.

El tiempo ha pasado y el Brazilian Jiu Jitsu se ha convertido en un estilo que está en todas las ciudades y en casi todos los pueblos de nuestro país, eso es un éxito que habla de la globalización de este sistema, pero ese crecimiento trajo consigo otras consecuencias, sin duda, mucho más negativas.

La demanda genera un mercado y ese mercado necesita ser alimentado, ¿solución? La posibilidad de empezar a impartir clases a partir del cinturón azul.

La graduación del BJJ no es como la de las Artes Marciales japonesas, en Karate, por ejemplo, el alumno comienza con cinturón blanco, pasa al amarillo, naranja, luego el verde y el siguiente ya es el azul. En BJJ el alumno empieza con cinturón blanco y la siguiente graduación es el azul.

La siguiente pregunta que me planteo es lógica, ¿os imagináis a un cinturón amarillo de karate o de judo impartiendo clases? La respuesta es obvia, es IMPOSIBLE!!!

La propia federación se encargaría de proteger a los clubes federados, a los instructores con licencia y sobre todo a los alumnos que son los "usuarios" de unas clases poco profesionales por la falta de nivel del instructor y seria inflexible.

Es ridículo imaginar a un cinturón amarillo de Karate o Judo impartiendo clases, de la misma forma, yo no pagaría para asistir a clases de BJJ impartidas por un cinturón azul.

Eso sí hay algunos cinturones azules que se creen más que Rickson Gracie, Marcelo García o Fabio Gurgel por nombrar algunos de los mejores instructores de BJJ del mundo.

Si las técnicas de finalización requieren una precisión quirúrgica para que sean eficaces con el menor esfuerzo posible, es realmente imposible que alguien con tan poco tiempo de práctica sea capaz de poder aplicarlas sin fuerza y siendo capaz de aislar perfectamente la parte del cuerpo donde va dirigido el ataque y muchísimo menos va a poder explicarlas a alguien que encima tiene menos nivel que él, de esa forma se consigue tener BJJ en casi todas las ciudades de España, pero sería muy discutible la calidad de algunos de los que imparten las clases.

En mi caso, cuando necesité que Esther mejorara su juego en el suelo, lo tuve clarísimo y decidimos entrenar con uno de los referentes del Brazilian Jiu Jitsu de nuestro país, Tito Beltrán.

EL PELIGRO DE EMPEZAR POR EL FINAL

Al escribir este capítulo lo hago pensando en los padres de nuestros futuros alumnos e incluso en algunos adultos que tienen una imagen distorsionada de lo que son las Artes Marciales o mejor dicho de lo que es la realidad en el desarrollo de una de nuestras clases.

Hoy en día tenemos acceso a muchísima información, internet pone a nuestra disposición infinidad de conocimientos, pero es nuestra responsabilidad saber discernir entre lo que es verdad y lo que es mentira y más importante aún, tenemos que saber dónde estamos colocados nosotros realmente dentro de nuestro deporte o disciplina marcial.

En nuestro "mundillo" es normal por lo espectacular de las imágenes terminar viendo "Highlights" de algunos de los KO´s más espectaculares y sangrientos de la historia de nuestros deportes, vemos con admiración los videos de los luchadores más espectaculares y temidos del planeta, lógicamente todo eso lo hacemos como simples espectadores y sin darnos cuenta estamos creando en nuestra mente una idea totalmente alejada de lo que en realidad son las clases de Artes Marciales o deportes de contacto.

Los que nos dedicamos a esto, hemos oído en infinidad de ocasiones frases como: "A mí no me gusta que me peguen", "Que estupidez pagar para que te peguen", "Me da miedo", "Yo no soy agresivo", ¿os suenan? Estos pobres argumentos alejan a futuros alumnos de nuestras clases.

Ese es el peligro de querer empezar por el final.

¿De verdad piensas que el primer día tu intensidad de entrenamiento y de sparring se va a acercar lo más mínimo al entrenamiento que hace Emelianenko Fedor?, ¿En serio? Es absurdo, e incluso iría más lejos, es ridículo.

Cuando uno se inicia en una clase no puede pensar en los "Highlights" que ha visto a través de los videos, en tus inicios aprenderás las bases del Arte Marcial o Deporte de Contacto que hayas elegido sin ningún tipo de contacto extremo, de hecho, si al empezar tus clases ves que el instructor permite o peor aún alienta, a que el contacto sea muy duro, no lo dudes y bórrate de sus clases, ese tipo no es un buen profesional.

Para mí, los pilares fundamentales de un profesional docente de las Artes Marciales son:

Primero que el alumno no se lesione, dos que el alumno haga amigos y tres que el alumno se lo pase bien.

Si no se lesiona, hace amigos y se lo pasa bien, seguirá asistiendo a nuestras clases y lógicamente cumplirá el cuarto de los objetivos del instructor… Que aprenda a luchar.

Aprender a luchar es la consecuencia de tener unas clases perfectamente estructuradas, siendo capaz de lograr que nuestros alumnos no paren sus entrenamientos por lesiones y acudan a gusto a nuestras clases.

Si invertimos la pirámide de la enseñanza y ponemos como primer objetivo el de aprender a luchar, probablemente tengamos un alumno que alcance un gran nivel en competición, pero el resto de alumnos los habremos perdido.

Esto lo explica muy bien Charles Darwing, en el libro: "El Origen de las Especies", no existen leones con defectos físicos, no podrían cazar, tampoco hay ciervos, con problemas físicos, serian presas fáciles.

En nuestras clases no podemos hacer esa división entre los más dotados para el combate y los que no como hace de forma despiadada y feroz, la Madre Naturaleza, si queremos vivir de nuestras clases, no podemos focalizar todo nuestro trabajo en los que quieren competir, eso nos llevará a la ruina empresarial, Emelianenko Fedor hay uno, personas que quieran aprender MMA como hobby hay muchísimos más y nuestras clases deberían ir dirigidos a esos alumnos potenciales.

Si el alumno evoluciona en el mundo de las Artes Marciales de forma natural, ordenada y sin lesiones, él solo ira subiendo su grado de exigencia y el pondrá su propio techo, quizás en un futuro, tratándolo bien, sea nuestro alumno quien tenga un "Highlight" bien chulo en YouTube.

MMA, LA EVOLUCIÓN DE LAS ARTES MARCIALES

El mundo de las Artes Marciales sé vio sacudido con la aparición de las competiciones de MMA (Mixed Martial Arts), hubo un antes y un después de este tipo de eventos y con este capítulo queremos hacer un exhaustivo análisis de estos cambios.

Para que os hagáis una ligera idea de la tremenda repercusión que goza este tipo de eventos fuera de nuestras fronteras tenéis que saber que hay luchadores que tienen muñecos articulados e incluso son personajes de video juegos.

Millones de dólares se generan en derechos de televisión y publicidad, algunas de las cifras de dinero y público que se mueven por velada se acercan, e incluso superan, a las mejores del boxeo. Camisetas, gorras, etc., todo tipo de merchandising para rentabilizar y profesionalizar estos espectaculares combates.

A pesar de todos estos datos los combates sin reglas son criticados ferozmente por algunos practicantes de artes marciales, se les acusa de ser brutales, salvajes e irracionales, pero se me ocurre una pregunta: ¿no será que lo que algunos entienden por Artes Marciales no tiene nada que ver con la realidad? Podemos cerrar los ojos a la autenticidad o podemos prepararnos por si en alguna ocasión el dedo del destino se empeña en señalarnos.

"Todos quieren la libertad pero están enamorados de sus cadenas"

Las artes marciales nacieron y crecieron junto a su más fiel aliada... la guerra. Su efectividad radicaba principalmente en que había constantes luchas entre los diferentes grupos étnicos por la conquista de las tierras. No había lugar para las técnicas que no fueran eficaces, ellos no luchaban por un trofeo sino por su propia supervivencia, en la vida real no hay un segundo puesto.

Con la invención de la pólvora, las artes marciales se fueron alejando de los conflictos bélicos, estilos y maestros se tuvieron que adaptar a las nuevas demandas, así pues, algunos estilos se especializaron en mejorar la salud, como folclore de algún pueblo, como deporte, etc., de esta forma empiezan a ser conocidas y practicadas en todo el mundo.

Esa masificación de alumnos por lo atractivo y espectacular de las artes marciales hace que cada vez se vaya perdiendo más la esencia, las raíces, de unos estilos creados únicamente para sobrevivir.

Los movimientos empiezan a entrenarse con un orden preestablecido y los practicantes mejoran sus atributos físicos, coordinación, fluidez, velocidad mental, reflejos, etc., pero las técnicas pierden su espíritu, su razón de ser.

Las competiciones de MMA nos han hecho que volvamos la cabeza hacia atrás, únicamente han vuelto hacia las raíces de las artes marciales, por supuesto no podían hacer duelos ha muerte como los antiguos gladiadores, pero se han acercado al máximo a la realidad, ese acercamiento les ha permitido eliminar técnicas superfluas u ornamentales, no hay cabida para golpes fantasioso o técnicas sin sentido, principalmente porque podrían volarte la cabeza, me parece que es un motivo bastante convincente, ¿no creéis?

¿Eres capaz de imaginar un campeonato con combates que busca los mismos objetivos filosóficos que el legendario maestro Bruce Lee: "La prueba definitiva para un sistema es el combate real"?, Eso son las MMA.

El desarrollo de las competiciones Vale Tudo (lucha sin reglas) está estrechamente ligado a la familia Gracie que durante más de sesenta y cinco años han puesto a prueba su arte, el Gracie Jiu Jitsu, en este tipo de combates.

A raíz de la aparición de este tipo de competiciones las Artes Marciales sufrieron un cambio radical. Ese tipo de eventos echó por tierra muchos conceptos que solamente se podían defender en la teoría, pero nunca sobre un tapiz de competición. Ciertas técnicas se dejaron de practicar por no ser tan resolutivas y contundentes como se creía. La lucha en el suelo obtuvo una importancia que nunca había tenido hasta entonces y la gente no tuvo más remedio que reconocer que la realidad nada tenía que ver con el entrenamiento que se solía realizar, donde nuestro compañero nos dejaba trabajar sin oponer ninguna resistencia, en esas condiciones todas nuestras combinaciones eran efectivas, más que efectivas, ¡súper efectivas!

Los artistas marciales interesados y comprometidos con su arte y que buscan la efectividad han tenido que modificar sus entrenamientos tras la aparición de las competiciones de MMA, este tipo de eventos demostró que muchas de las técnicas que se enseñan en un gimnasio no son aplicables en un combate real

En todo este proceso se van produciendo descartes, como el maestro Bruce Lee dijo: "Utiliza lo útil y desecha lo inútil", este es el camino que hay que seguir por todos aquellos que buscan la verdad del combate.

Algunas ideas expuestas en este texto pueden parecer brutales, pero esa es la realidad del combate, cuando nuestra vida está en verdadero peligro, no nos vamos a detener a ver si nuestra mano está perfectamente colocada en nuestra cintura o si la posición de las piernas es la correcta, el combate es mucho más sencillo y también mucho más brutal de lo que algunos pretenden hacernos creer.

Algunos cinturones negros de estilos "clásicos" son incapaces de golpear un saco con velocidad y dureza durante dos minutos, mucho antes se detienen o bien porque sus muñecas no están acondicionadas para la contundencia de tanto golpe o por que se quedan realmente agotados por el esfuerzo. ¿Son eso artes marciales?

Una tradición mal entendida ha convertido a los estilos clásicos, mejor dicho, a sus practicantes en ineficaces en un combate real.

Se engalanan, se saludad y hacen exactamente los mismos movimientos que hace cien años, pero la pregunta es: ¿Entrenan igual? No, desde luego.

Hubiese sido muy estúpido por mi parte pensar o escribir que el maestro Mas Oyama era ineficaz con su Karate, ¿Pero entrenan los actuales practicante de su estilo igual que él? Antiguamente acondicionaban el cuerpo de forma que cualquiera de sus golpes era extremadamente poderoso. El entrenamiento con el makiwara hacía que sus nudillos y muñecas pudieran generar y aguantar una fuerza inhumana.

En la actualidad: ¿Tienen los gimnasios makiwaras? Y la siguiente pregunta es: ¿Los usan? Podemos llegar a la conclusión de que los estilos clásicos utilizan la tradición solamente para el protocolo, para hacer las filas por orden de grados, para saludar al empezar y terminar las clases, ¿Únicamente para eso? Sinceramente creía que la tradición se merecía un mayor respeto, aquellos legendarios maestros también crearon sus estilos para poder repeler una agresión real.

Quizás en nuestros días la defensa personal no es tan necesaria como entonces, eso es cierto, en tal caso podríamos vender la práctica de las artes marciales como un camino de bienestar y no como el camino del guerrero.

No me gustaría finalizar esta reflexión sin antes dejar una cosa muy clara, en nuestro país ya hay academias que se dedican a la enseñanza de estos estilos marciales, donde el practicante puede aprender a desenvolverse con garantías en cualquier distancia de combate. Existen riesgos, por supuesto, pero no son mayores que los que corremos al apuntarnos a una clase de Judo, Kick Boxing o

Karate, el entrenamiento de los profesionales está, como ocurre en todas las disciplinas deportivas, muy lejos del que hacen los principiantes.

Por supuesto, y como consejo, aseguraros que el instructor que está al frente de las clases sea un buen profesional, si es así, que los prejuicios no os alejen de la efectividad.

Espero que, tras la lectura de este capítulo, os replanteéis -de forma sincera- si vuestro entrenamiento actual os garantizaría la victoria en una pelea real. Si no es así...

www.ingramcontent.com/pod-product-compliance
Lightning Source LLC
LaVergne TN
LVHW080436200726
843507LV00004B/838